Janela de Johari

Dados Internacionais de Catalogação na Publicação (CIP)
(Câmara Brasileira do Livro, SP, Brasil)

Fritzen, Silvino José
  Janela de Johari : exercícios vivenciais de dinâmica de grupo, relações humanas e de sensibilidade. – 25. ed. – Petrópolis, RJ : Vozes, 2013.

8ª reimpressão, 2023.

ISBN 978-85-326-0290-9
Bibliografia.

  1. Dinâmica de grupo 2. Psicologia social 3. Relações humanas 4. Relações interpessoais I. Título.

10-07617   CDD-302.3

Índices para catálogo sistemático:
1. Dinâmica de grupo : Vivências : Psicologia
   social   302.3

Silvino José Fritzen
(Ir. Amadeu Egydio, F.S.C.)

Janela de Johari

Exercícios vivenciais de dinâmica de grupo,
relações humanas e de sensibilidade

EDITORA
VOZES

Petrópolis

CONSELHO EDITORIAL

Diretor
Gilberto Gonçalves Garcia

Editores
Aline dos Santos Carneiro
Edrian Josué Pasini
Marilac Loraine Oleniki
Welder Lancieri Marchini

Conselheiros
Elói Dionísio Piva
Francisco Morás
Ludovico Garmus
Teobaldo Heidemann
Volney J. Berkenbrock

Secretário executivo
Leonardo A.R.T. dos Santos

———————————————

Diagramação: AG.SR Desenv. Gráfico
Capa: Omar Santos

ISBN 978-85-326-0290-9

Este livro foi composto e impresso pela Editora Vozes Ltda.

Sumário

Apresentação

O processo de dar e receber *feedback* é um dos conceitos mais importantes no treinamento de laboratório. É mediante o *feedback* que podemos implementar as palavras do poema: "Ver-nos a nós mesmos como os outros nos veem".

Dois psicólogos, Joseph Luft e Harry Ingham, elaboraram uma janela para ilustrar o processo de dar e receber *feedback*. O modelo denominado Janela de Johari pode ser tomado como uma janela de comunicação através da qual alguém dá ou recebe informações sobre si mesmo e sobre os outros.

Além de encontrar neste volume um conteúdo sintético da Janela de Johari, houve uma preocupação de enriquecer o trabalho com exercícios práticos, com o objetivo de vivenciar a teoria na prática. Cursos de treinamentos e de relações humanas, mais do que técnicas, devem ser vivências e pode-se afirmar que são humanas na medida em que são vivenciais.

Com os exercícios práticos pretende-se ainda:

– Familiarizar os animadores, professores, psicólogos e treinadores de grupos em geral, com vivências que facilitam a comunicação interpessoal, explorando particularmente "dar e receber *feedback*".

– Despertar os integrantes do grupo para comportamentos em que a "Fachada" e a "Mancha Cega" são áreas predominantes no relacionamento interpessoal.

– Criar impactos nos participantes do grupo, conscientizando-os e sensibilizando-os para comportamentos e atitudes que dificultam o relacionamento interpessoal.

As experiências estruturadas que se encontram no trabalho não poderão ser aplicadas com eficiência se o animador do grupo não possuir três qualidades fundamentais: autenticidade, empatia e respeito para com os outros. Carl Rogers no seu livro *De pessoa para pessoa*, descreve estas três qualidades como "*congruência, empa-*

tia e consideração positiva". Rogers acredita que o "crescimento pessoal é facilitado quando o conselheiro, o professor ou o animador do grupo é o que é, quando na relação com o cliente-aluno ele é autêntico, sem 'máscara' ou fachada, e apresenta abertamente os sentimentos e atitudes que nele surgem naquele momento". Isto é congruência ou autenticidade.

A segunda qualidade é a empatia. "O conselheiro, o professor, o animador do grupo esteja vivenciando uma compreensão empática e exata do mundo íntimo do seu cliente-aluno, que seja capaz de comunicar alguns fragmentos significativos dessa compreensão. Perceber o mundo interior de sentidos pessoais e íntimo de seu cliente-aluno, como se fosse o seu, mas sem jamais esquecer a qualidade de 'como se', é a empatia; e parece essencial para uma relação que provoque crescimento."

A terceira qualidade é a consideração positiva a respeito dos outros. "O conselheiro, o professor e o animador do grupo vivencia uma atitude afetuosa, positiva e de aceitação diante do que está no cliente. Isto significa que aprecia o cliente-aluno como pessoa."

Se o animador do grupo for considerado pelos participantes como uma pessoa e como alguém que projeta autenticidade, empatia e respeito para com os outros, ele será considerado como um líder efetivo.

E este livro, nas mãos de um orientador assim qualificado, será um instrumento imprescindível para permitir que todos sejam: GENTE.

O autor

1
A Janela de Johari

A Janela de Johari trata de ilustrar o processo de dar e receber *feedback*. Talvez o esquema que nos apresentam Joseph Luft e Harry Ingham, conforme a figura n. 1, seja um bom auxílio para formarmos uma ideia clara de muitos dos nossos comportamentos, e nos ofereça alguma solução para enfrentarmos nossas dificuldades nas relações interpessoais e fazermos de nossa participação social na comunidade uma expansão realizadora para nós e para aqueles que conosco vivem. O modelo pode ainda ser apresentado como uma janela de comunicação através da qual alguém dá ou recebe informações sobre si mesmo e sobre os outros.

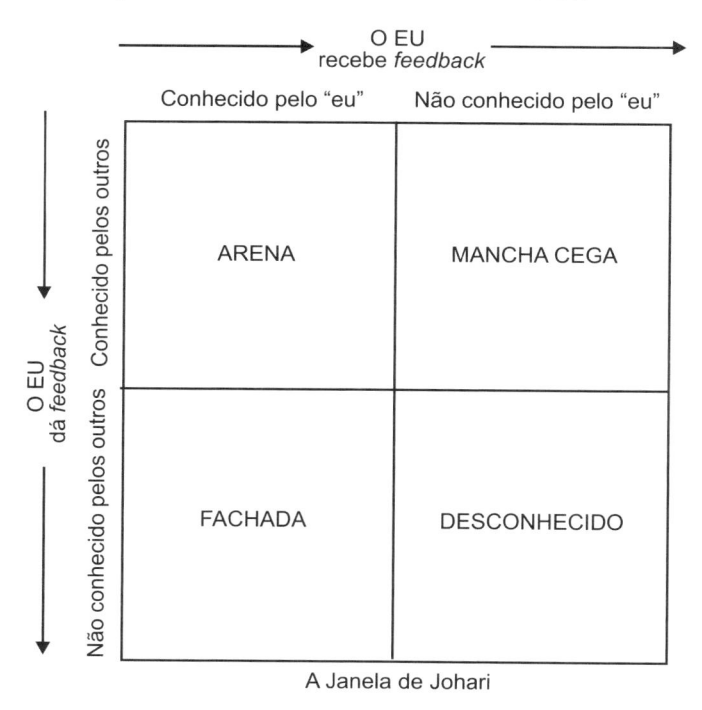

A Janela de Johari

Observando as quatro áreas ou quadrantes em termos de colunas (verticais) e barras (horizontais), as duas colunas representam o *eu* e as duas barras representam o *grupo*. A primeira coluna contém "aquilo que eu sei a meu respeito"; a segunda coluna contém "aquilo que desconheço a meu respeito"; a primeira barra contém "aquilo que os outros (o grupo) sabem a meu respeito"; a segunda barra contém "aquilo que os outros (o grupo) desconhecem a meu respeito". Não são estáticas as informações contidas nessas barras e colunas, mas deslocam-se de um quadrante para o outro na medida em que o grau de confiança recíproca e o intercâmbio do *feedback* variam dentro do grupo. Como resultado deste movimento, o tamanho e o formato dos quadrantes sofrerão modificações no interior da janela.

1. *Arena ou área livre*: O primeiro quadrante, o espaço superior esquerdo, é o único claro e livre. Aqui se encontram as experiências e dados conhecidos pela própria pessoa e por aqueles que a rodeiam. É uma área que se caracteriza pela troca livre e aberta de informações entre o eu e os outros. Aqui o comportamento é público e disponível a todos. Por exemplo, nosso modo de trabalhar em qualquer atividade que desempenhamos, nossa maneira habitual de comportar-nos, etc. A "Arena" aumenta de tamanho na medida em que o nível de confiança cresce entre os participantes ou entre o participante e o seu grupo, e mais informações, especialmente informações relevantes de caráter pessoal, são compartilhadas.

2. *Mancha Cega*: Na parte superior direita ha uma área chamada "Mancha Cega", que contém informações a respeito do nosso "eu" que ignoramos, mas que são do conhecimento dos outros. É o que nossos amigos sabem de nós, mas que não nos dizem. Ao iniciarmos nossa participação num grupo, comunicamos todos os tipos de informações das quais não estamos cientes, mas que são observadas pelas outras pessoas do grupo. No rol dessas informações encontram-se nossa maneira de agir, nosso jeito de falar, nosso estilo de relacionamento, etc.

3. *Fachada ou área oculta*: O espaço inferior esquerdo, ou seja, a área oculta aos demais, contém informações que sabemos a nosso respeito que são desconhecidas pelo grupo. É na "Fachada" que se

encontra muito daquilo que conhecemos de nós mesmos e que mantemos oculto aos demais. Temos medo que se o grupo vier a saber dos nossos sentimentos, percepções e opiniões a respeito do grupo ou dos seus integrantes, ou de nós mesmos, o grupo poderá rejeitar-nos, atacar-nos, ou atingir-nos de alguma forma. Em consequência disto, não revelamos tais informações. Muitas vezes, uma das razões possíveis pelas quais guardamos o segredo é que não encontramos elementos de apoio no grupo. Temos a suposição que revelando nossos sentimentos, pensamentos e reações, os integrantes do grupo poderão julgar-nos negativamente. Entretanto, não temos condições de saber como os membros reagirão realmente, a menos que testemos tal suposição e revelemos algo sobre nós. Ou seja, se não assumirmos alguns riscos, jamais saberemos sobre a realidade e irrealidade de nossas suposições. Além disso, guardamos ainda o segredo quando nossa motivação para fazer isso é controlar ou manipular os outros.

4. *O desconhecido ou área ignorada*: A área da parte inferior direita é a que representa fatores da personalidade, dos quais não estamos conscientes e que as pessoas que estão relacionadas conosco também desconhecem. É o quadrante de nossas motivações inconscientes. Esta área representa o nosso "desconhecido" ou "inexplorado" e poderá compreender coisas como dinâmica interpessoal, ocorrências da primeira infância, potencialidades latentes e recursos por descobrir.

O que a Janela de Johari trata de explicar é como estas diferenças nas áreas de nossa personalidade devem procurar comportar-se para melhorar as relações interpessoais, através do próprio conhecimento e do conhecimento dos demais, na seguinte forma:

As linhas entrecortadas demonstram a situação ao começar o processo de relacionamento em ordem à ampliação da área livre que, à medida que se vai ampliando graças a uma comunicação maior, faz com que as demais áreas diminuam em seu próprio campo. E o ideal está em que esta área livre vá precisamente ampliando seu raio de ação, de modo que fique reduzido ao mínimo o campo ignorado, tanto dos outros como de nós mesmos.

ps# 2
Diversas posições da Janela de Johari

Observa-se que, ao reduzirmos nossa "Mancha Cega" e a nossa "Fachada" mediante o processo de dar e receber *feedback*, estaremos, simultaneamente, aumentando o tamanho da nossa "Arena" ou a área livre.

No processo de dar e receber *feedback* algumas pessoas tendem a enfatizar mais um desses dois comportamentos criando, com isto, um desequilíbrio entre os dois. Tal situação pode ter consequências de acordo com a eficácia do indivíduo no grupo e as reações dos participantes do grupo com relação a ele. Assim, o tamanho e o formato da "Arena" é uma função não só da extensão do *feedback* compartilhado, mas também da proporção entre o dar e o receber *feedback*. Para termos uma ideia de como interpretar as janelas, podemos descrever quatro tipos diferentes que caracterizam as proporções extremadas em termos de dar e receber *feedback*. Estas descrições darão uma ideia de como as pessoas, caracterizadas pelas janelas correspondentes, pareceriam aos olhos dos outros no contexto de um grupo.

A Janela Ideal

O número 1 corresponde à "Janela Ideal" numa situação grupal ou em qualquer outro tipo de relacionamento significativo para a pessoa. O tamanho da "Arena" aumenta à medida que cresce o nível de confiança no grupo e os critérios desenvolvidos no sentido de dar e receber *feedback* facilitam este tipo de intercâmbio. A "Arena" am-

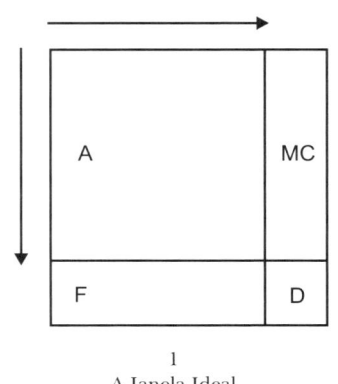

1
A Janela Ideal

plamente aberta indica que grande parte do comportamento de uma pessoa está liberada e aberta aos outros membros do grupo. Consequentemente, será menor a tendência, por parte dos outros, no sentido de interpretar (ou mal-interpretar) ou projetar significados pessoais no comportamento da pessoa. Muito pouca adivinhação é necessária para compreender o que a pessoa está tentando fazer ou comunicar quando suas interações são abertas tanto em termos de dar quanto de receber *feedback*. Não é preciso, entretanto, manter uma "Arena" ampla com "todo mundo". As pessoas com as quais entramos em contato casualmente poderão tomar esse tipo de abertura como ameaçador e impróprio em termos de relacionamento que com elas temos. É importante acentuar, no entanto, que, em seu grupo ou com algumas de suas relações mais significativas, quanto maior parte de seus sentimentos, percepções e opiniões é pública, nem você nem os outros precisam recorrer a truques do comportamento.

O "Entrevistador"

A "Fachada" ampla na segunda janela indica uma pessoa cujo estilo característico de participação é o de questionar o grupo, sem contudo dar-lhe informações ou *feedback*. Assim, o tamanho da "Fachada" é inversamente proporcional à quantidade de informações ou de *feedback* que o indivíduo dá. Ante a exigên-

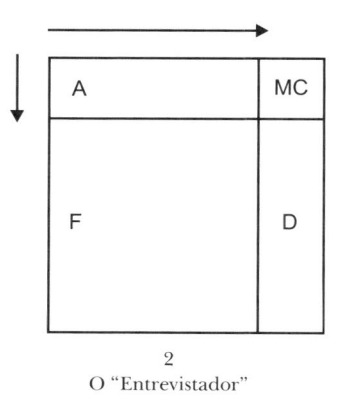

2
O "Entrevistador"

cia do grupo de que cada participante mantenha um nível razoável de participação, o "entrevistador" "participa" solicitando informações. Muitas de suas intervenções são do tipo: "O que é que você pensa a respeito disto?" "Como é que você teria agido se estivesse na minha pele?" "O que você acha do que acabei de lhe dizer?" "Qual a sua opinião a respeito do grupo?" Ele quer saber a posição dos outros antes de se comprometer. Na janela do "entrevistador" se pode notar que a seta "recebe *feedback*" é longa, enquanto a seta "dá *feed-*

back" é curta. Uma vez que este indivíduo não se posiciona no grupo, é difícil saber como ele percebe as situações e problemas. Em algum momento da história do grupo outros participantes poderão confrontá-lo com uma colocação do tipo: "Escute, você está sempre me perguntando o que acho sobre o que está ocorrendo, mas nunca me diz o que você acha". Esse estilo, caracterizado como "Entrevistador", poderá eventualmente gerar reações de irritação, desconfiança e retraimento.

O "Matraca"

A terceira janela tem a "Mancha Cega" ampla. Este indivíduo mantém seu nível de interação primordialmente dando *feedback*, porém solicitando muito pouco. Seu estilo de participação é o de dizer ao grupo aquilo que pensa dele, como se sente sobre o que está ocorrendo no grupo e qual a sua posição a respeito das questões e problemas do grupo. Em algumas ocasiões ele poderá agredir membros do grupo ou criticar o grupo como um todo, acreditando que com isto estará sendo aberto e conhecido por todos. Por uma razão ou por outra, no entanto, ele ou parece insensível ao *feedback* que lhe é dirigido ou não "dá ouvidos" ao que os colegas do grupo lhe dizem. Ele poderá ser ou um mau ouvinte ou poderá reagir ao *feedback* de tal modo, que os integrantes do grupo relutarão em continuar a dar-lhe *feedback*. Por exemplo, ele fica zangado, reclama, ameaça retirar-se. Em consequência, ele não sabe como está sendo percebido pelos outros e qual seu impacto sobre eles. Devido ao fato de que ele não parece utilizar a função corretiva (realismo) do *feedback* do grupo, muitas de suas reações ou aberturas parecem descabidas, escorregadias ou distorcidas. O resultado desta comunicação unilateral (apenas dele para os outros) é que ele persiste num comportamento ineficaz. Uma vez que é insensível à função direcional do grupo, ele não sabe que comportamento precisa modificar. A sua "recebe *fe-*

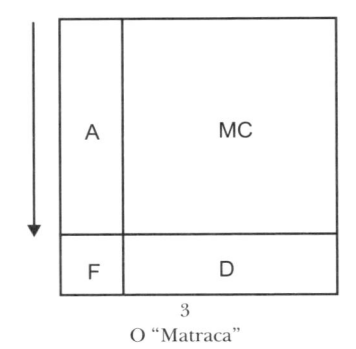

3
O "Matraca"

edback" é muito curta, enquanto que a outra "dá *feedback*" é longa. Este estilo de interação se manifesta como o "Matraca".

O "Tartaruga"

A última janela, com um amplo "Desconhecido", representa a pessoa que não sabe muita coisa sobre si própria e também o grupo não a conhece muito. Ele poderá ser o participante mudo ou o "observador" do grupo, que não dá nem recebe *feedback*. Como se pode observar na quarta janela, ambas as setas – a de "dar *feedback*" e a de "receber *feedback*" – são curtas.

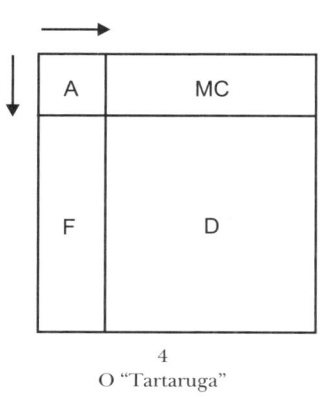

4
O "Tartaruga"

Ele é o homem misterioso do grupo, porque é difícil para seus componentes saberem qual a posição dele no grupo e qual a posição do grupo junto a ele. Ele parece manter uma carapaça à sua volta, isolando-o dos outros componentes do grupo.

Quando confrontado sobre sua falta de participação, ele poderá responder com um "eu aprendo mais ouvindo". Integrantes de grupos que não se envolvem ativamente no grupo ou que não participam obtêm muito pouco *feedback* porque não fornecem dados ao grupo, aos quais este possa reagir. A pessoa ativa no grupo expõe mais facetas de sua personalidade e dá aos membros do grupo mais informações sobre as quais eles podem lhe dar *feedback*. Embora este tipo de intercâmbio possa trazer algum desconforto para o participante ativo, ele aprende muito mais que o participante "apagado" que não dá nem recebe *feedback*. A pessoa que caracteriza esta janela é denominada "Tartaruga", porque a sua carapaça evita que as pessoas penetrem nela e também que ela saia de dentro de si, ou se exponha. É preciso muito esforço para manter uma "Arena" tão pequena numa situação grupal. Isto por causa da pressão que as normas do grupo exercem sobre esse tipo de comportamento. A energia canalizada para a manutenção de um sistema fechado deixa de estar disponível para a autoanálise e o crescimento individual.

O objetivo de receber *feedback* e de expor-se ou dar *feedback* é mobilizar informações da "Mancha Cega" ou da "Fachada", onde elas estarão ao alcance de todos. Além disso, mediante o processo de dar e receber *feedback*, novas informações podem passar do "Desconhecido" para a "Arena". Uma pessoa poderá passar por uma experiência do tipo "eureka" ao perceber, de repente, uma relação existente entre uma transação em curso no grupo e algum acontecimento anterior. A transferência de informações do "Desconhecido" para a "Arena" pode ser denominada "inspiração" ou "introvisão".

Não é fácil dar *feedback* de tal modo que ele possa ser recebido sem sombra de ameaça à outra pessoa. Esta técnica exige prática em desenvolver sensibilidade para as necessidades dos outros e em ser capaz de colocar-se no lugar dos outros. Algumas pessoas acham que o processo de dar e receber *feedback* não pode ser aprendido somente através da prática, mas requer uma filosofia básica ou conjunto de valores que precisa ser aprendido em primeiro lugar. Esta filosofia básica consiste na aceitação individual de si próprio e dos outros. Na medida em que esta aceitação de si mesmo e dos outros cresce, a necessidade de dar *feedback* com características de avaliação ou de julgamento diminui.

3
Estilos interpessoais

Na teoria parece fácil o uso do processo de Exposição e do *Feedback*. Mas seu alcance com toda a eficiência não é tão simples. Na prática, observa-se certa preferência para com a Exposição em detrimento do *Feedback* e vice-versa. Tal situação promove um desequilíbrio nas relações interpessoais que chegam a criar tensões capazes de reduzir a produtividade de um trabalho.

A seguir há diversas colocações no uso da Exposição e do *Feedback*. Ambos podem ser pensados, refletidos como estilos interpessoais básicos. Pode-se, igualmente, notar que cada estilo traz consequências imprevisíveis de relacionamento.

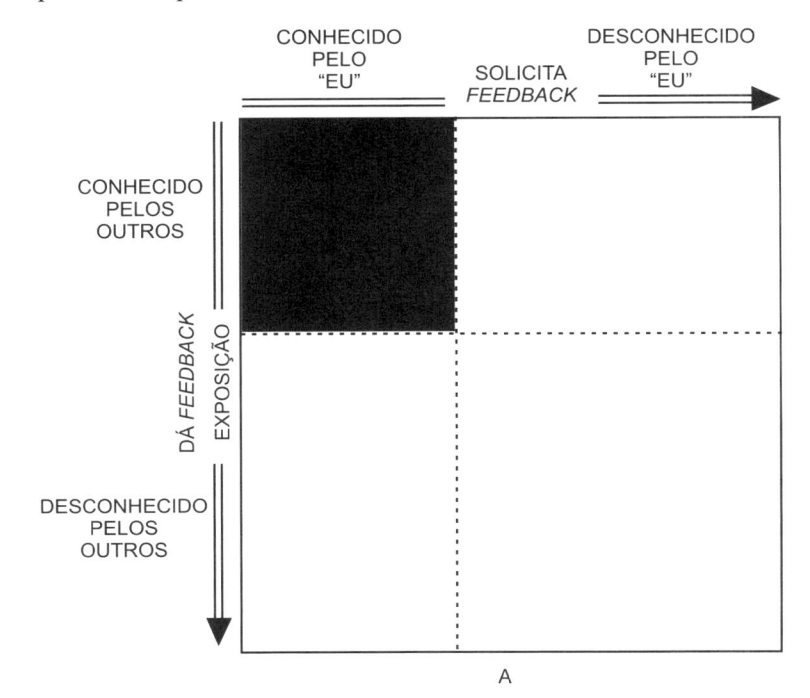

Estilo tipo "A": Este estilo interpessoal reflete um uso mínimo da Abertura e do *Feedback*, o que representa uma solução acentuadamente impessoal para as relações interpessoais. Com ele, há uma predominância da ÁREA DESCONHECIDA, representando um potencial irrealizável e inexplorado.

Isso parece indicar um medo de correr o risco pela Abertura e pelo *Feedback*. Essas pessoas têm uma responsabilidade mais rígida, fria, distante e não são comunicativas e encontram-se em organizações burocráticas, onde evitam maior abertura com as outras pessoas.

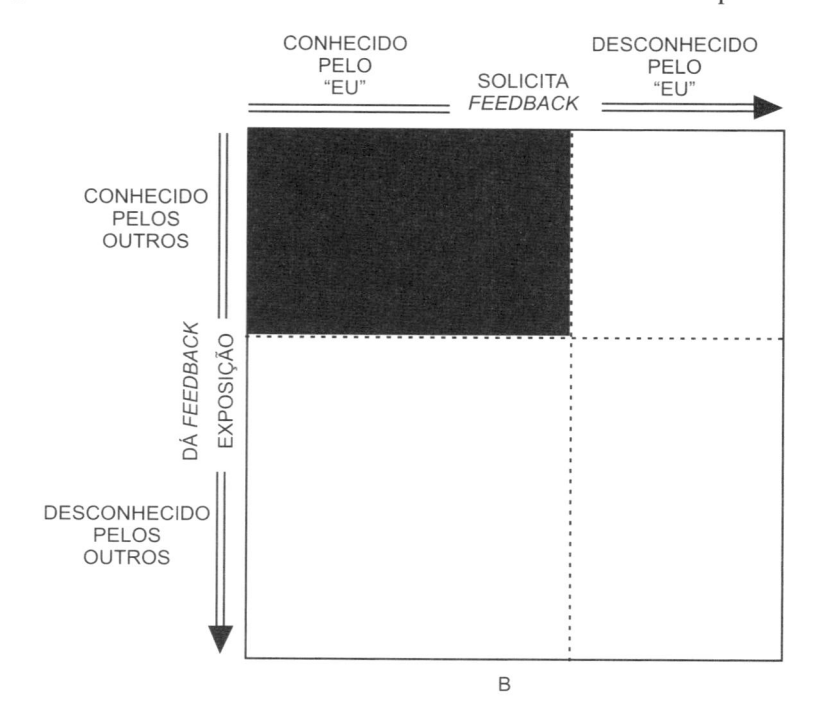

Estilo tipo "B": Com este estilo interpessoal existe igualmente uma aversão à Exposição, embora já haja maior relacionamento do que no tipo "A". Assim, usa-se o *Feedback* para promover relacionamentos, e há uma aversão no uso da Exposição que pode ser interpretada como um sinal de desconfiança para com os outros membros do grupo. Pelo fato mesmo, aqui há a predominância da área da "Fachada", como resultado do desuso da Exposição. Observa-se ainda que o uso exagerado do *Feedback* cria situações de tensão e até certa hostilidade, tornando difícil o relacionamento interpessoal.

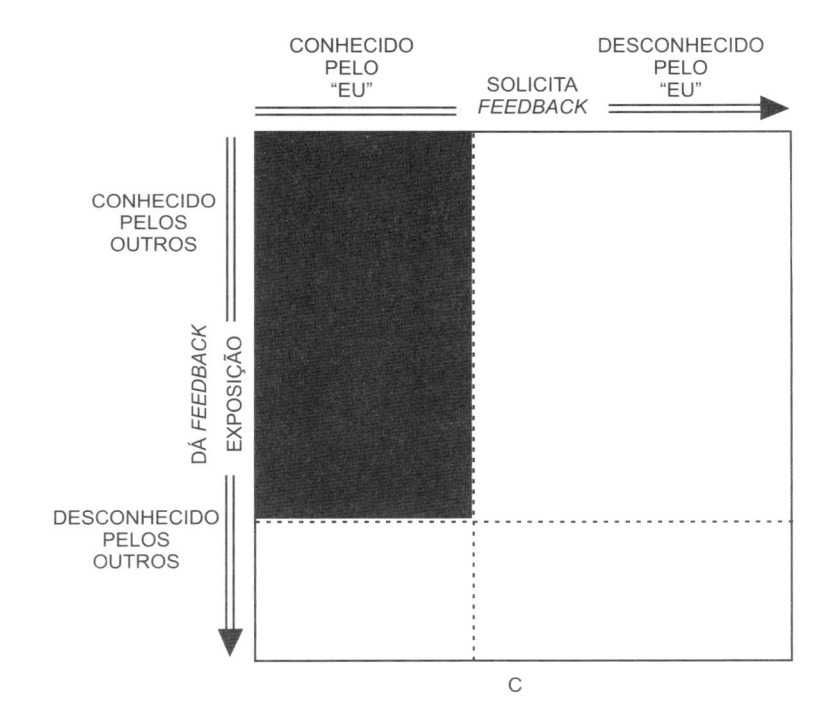

Estilo tipo "C": Este estilo de relacionamento interpessoal caracteriza-se pelo uso da Exposição e pela ausência do *Feedback*. A predominância da "Mancha Cega" revela igualmente uma desconfiança em relação à opinião dos outros membros do grupo. Tal situação cria um clima de mal-estar no grupo, porque as pessoas sentem-se menosprezadas, já que suas opiniões não são aceitas. Como consequência, este modo de ver provoca hostilidade, insegurança e ressentimentos, obrigando as pessoas a não fornecer mais *feedback* como defesa pessoal.

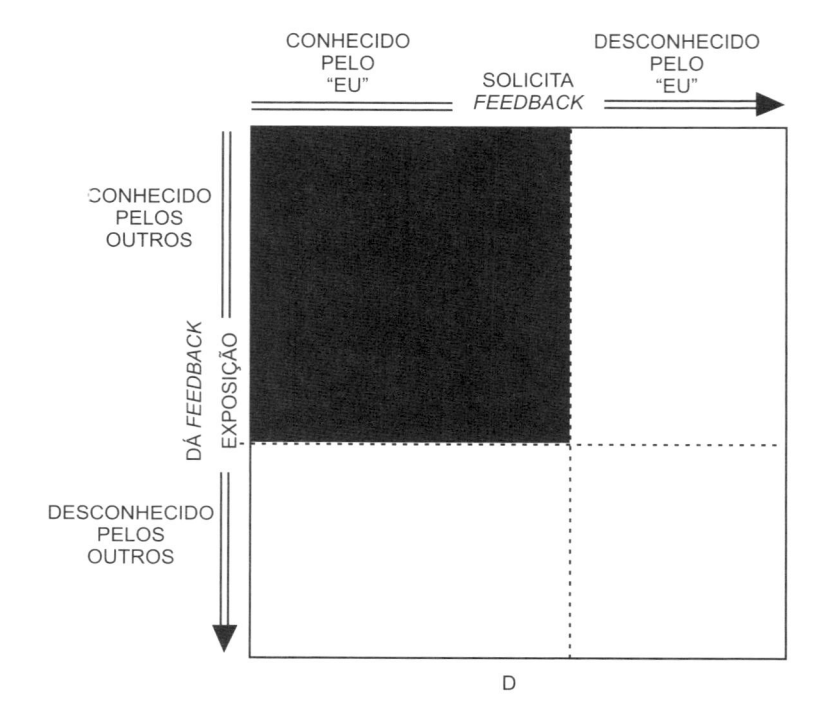

Estilo tipo "D": Com este estilo de relacionamento interpessoal os processos da Abertura e do *Feedback* são usados com tal naturalidade, que proporciona um clima de equilíbrio no grupo. A franqueza e a abertura casam-se perfeitamente com a sensibilidade e as necessidades dos outros, fazendo com que a participação seja a característica dominante desse tipo. Com o crescimento da área da "Arena", este estilo promove maior participação e maior produtividade. Na sua fase inicial, pode ocorrer certo retraimento por parte de algumas pessoas do grupo, por não confiarem no relacionamento honesto. Mas a persistência levará à participação de todos.

4
Princípios de mudanças

a) Uma mudança em qualquer quadrante afetará os demais quadrantes.

b) Gasta-se energia ao esconder, negar ou ocultar uma conduta que se encontra envolvida numa ação recíproca.

c) A ameaça tende a reduzir o conhecimento e a confiança mútua tende a aumentá-lo.

d) Forçar um indivíduo a tornar-se consciente de certas coisas não é desejável e geralmente não é afetivo.

e) Uma aprendizagem interpessoal levará à implicação da área livre e à redução das outras.

f) A ampliação desta área facilitará o trabalho com os demais. Isto significa que muitos outros recursos e habilidades dos membros podem ser utilizados para o bem do grupo.

g) Quanto menor o quadrante da área livre, mais pobre a comunicação.

h) Existe uma curiosidade especial sobre quadrante do "desconhecido", mas esta é restringida por costumes, formação social, temores diversos, etc.

5
Princípios para receber *feedback*

Ao iniciarmos a participação num grupo, comunicamos todo tipo de informações das quais não temos ciência, mas que estão sendo captadas pelas outras pessoas. Tais informações podem ter a forma de expressão de nossa maneira de ser, do nosso jeito de falar ou do estilo que adotamos no nosso relacionamento com os outros.

Uma vez que o segundo quadrante da Janela de Johari contém informações que os integrantes do grupo sabem a nosso respeito, mas das quais não estamos cientes, o único meio de aumentar a nossa conscientização dessas informações será obtendo *feedback* do grupo. Como consequência disso, precisamos desenvolver uma atitude de receptividade de modo a incentivar os membros do grupo a nos darem o *feedback*. É preciso ter prontidão para receber *feedback* e, para que este se torne eficaz, é necessário que seja:

1. *Aplicável*: Dirige-se àquele comportamento que pode ser modificado, mediante reconhecimento do ponto falho e esforço pessoal no sentido de corrigir "o desvio". "Eu não gosto do seu modo de falar" é, por exemplo, um *feedback* inútil, que em nada beneficiará a comunicação, uma vez que a informação nele contida é inaplicável pelo receptor. Não há referências para avaliação do comportamento falho. Quando indicamos alguma limitação sobre a qual a pessoa não possui controle algum, só conseguiremos aumentar sua frustração. Se a observação for: "Você está falando (ou costuma falar) demasiadamente alto e isso é desagradável", a mensagem conterá dados concretos a serem explorados pelo receptor. Por conseguinte, ele terá condições de aplicar o *feedback*.

2. *Neutro*: O *feedback* é antes descritivo do que avaliativo. Este critério se contrapõe a duas características muito comuns e que geralmente aumentam o problema de relacionamento e o pró-

prio *feedback*. A primeira é o teor de censura, reprovação ou avaliação negativa personalizada que o *feedback* pode incorporar: "Você tem mania de falar rebuscadamente" (*feedback* avaliativo personalizado); "Esta parte do documento está rebuscada; é preciso tornar a linguagem mais direta" (*feedback* avaliativo neutro, isto é, não personalizado). Evitando-se uso da linguagem avaliativa, reduz-se a necessidade de a outra pessoa reagir de forma defensiva. A outra característica que se contrapõe à neutralidade é o que se poderia chamar de "interpretose". Neste caso, ao invés de registrar o evento, o comunicador concentra-se em antecipar suas "possíveis" causas. "Você chegou depois da hora, certamente porque..." (*feedback* interpretativo); "Você está atrasado, algum problema especial?" (*feedback* neutro). Para propiciar resultados positivos, o *feedback* deve ser depurado de componentes (opiniões, interpretações, julgamentos de valor) que se sobreponham à realidade fatual. Há que se considerar os fatos em primeiro lugar, porque "contra fatos não há argumentos". Fatos são pontos de referência definidos, realidades às quais se pode recorrer por estarem marcadas no tempo, pelas circunstâncias históricas e pelas pessoas.

3. *Oportuno*: Saber quando oferecer *feedback* é tão importante quanto saber como fazê-lo. Deve ser oferecido no momento oportuno. É preciso haver consciência quanto ao melhor momento, julgar quando ele será mais construtivo; se deve ser oferecido isoladamente ou em grupo. Geralmente é muito mais efetivo se for oferecido imediatamente depois de ocorrer a conduta. Quando algo não está indo bem, na melhor opção, é colocar as cartas na mesa, abrir o jogo, a fim de que o equilíbrio funcional e emocional anterior possa ser restituído à relação. Nada mais pertinente, no caso, do que as palavras de São Paulo aos efésios: "Se vos irardes, não pequeis; não se ponha o sol sobre a vossa ira".

Por outro lado, o comunicador poderá carecer de condições psicológicas para manter um diálogo sereno, em virtude de problemas de ordem pessoal ou quaisquer outros. Neste caso, será provavelmente mais sábio esperar pelo restabelecimento da serenidade pessoal interior, para que o *feedback* seja essencialmente benéfico. O critério da oportunidade reside exatamente na capacidade do comunicador discernir se tanto ele quanto o receptor têm condições, naquele momento, que possibilitem um efeito positivo para o *feedback*.

4. *Solicitado*: O *feedback* deve ser solicitado mais do que imposto. Será muito mais útil e efetivo quando a própria pessoa formulou a pergunta que permite ao observador oferecer uma observação. Esta pergunta ou comunicação pode ser tanto verbal como não verbal, já que com nossa própria conduta podemos comunicar às pessoas que nos rodeiam se estamos interessados em que se nos ofereça esta classe de ajuda.

5. *Objetivo*: Esta condição se refere a várias características. Para ser benéfico, o *feedback* precisa assegurar: clareza de mensagem, focalização no problema, utilização de exemplos. Evitar os rodeios e as evasivas. Colocações do tipo: "Talvez seja o caso de você deixar este relatório para que Fulano dê uma olhada, ele é "cobra nesse assunto", deixam muito a desejar. Bem diferentes são abordagens como: "Este seu relatório precisa ser olhado nas partes X, Y e Z; você pode e deve fazer uma boa revisão".

6. *Direto*: O *feedback* há de ser oferecido pessoal e diretamente. Isto é indispensável, principalmente quando a natureza do *feedback* for negativa – de reprovação ou descontentamento. O *feedback* negativo pode ter o mais positivo dos efeitos, desde que transmitido apropriadamente. É fatal para o relacionamento entre duas pessoas a recepção de *feedback* negativo dado por terceiros. Nesse caso, aquilo que poderia ser utilizado em benefício da certeza de relações passa a destruí-la, porque a comunicação não foi genuína.

7. *Específico*: Este critério se opõe à noção do *feedback* generalizado, no qual o conteúdo da mensagem é vago e perde sua força e significado. Quando o *feedback* é abstrato, pode acarretar um resultado negativo, pois o receptor não dispõe de informações suficientes para compreendê-lo e utilizá-lo. Por exemplo, quando um colega de trabalho diz a outro que o considera um

sujeito meio acomodado, o *feedback* se resumirá a uma simples declaração sem resultados significativos. Se o mesmo colega tivesse "trocado em miúdos" o conteúdo da mensagem, as consequências seriam provavelmente mais positivas. Suponhamos que ao invés de meramente tachar o colega de acomodado, ele tivesse dito: "Esta não é a primeira vez que você se comporta assim em nossas reuniões. Sua atitude tem sido de não participar e de isolamento. Em nossa última reunião você se alijou da decisão e isso prejudicou o desempenho posterior da equipe". A partir desses dados o receptor teria condições de autoavaliar sua atuação e rever sua atitude de alheamento.

8. *Comprovado*: Deve ser comprovado para assegurar uma boa comunicação. Uma forma de fazer, isto é, solicitar à pessoa que recebe as nossas reações que repita com suas próprias palavras aquilo que lhe comunicamos, comprovando assim a mensagem recebida.

Em resumo, o *feedback* é uma forma de oferecer ajuda, é um mecanismo corretivo para o indivíduo que deseja aprender quanta afinidade existe entre sua conduta e suas intenções. No processo de receber *feedback* o importante é ser bom ouvinte.

6
Prontidão para ouvir

"A natureza deu-nos dois ouvidos, dois olhos e uma língua, observa Zenão, velho filósofo grego, para que pudéssemos ouvir e ver mais do que falar". E um filósofo chinês fez a seguinte colocação: "O bom ouvinte colhe, enquanto aquele que fala semeia". Seja como for, até há bem pouco tempo dava-se pouca atenção à capacidade de ouvir. A ênfase exagerada dirigida à habilidade de expressão levou a maioria das pessoas a subestimar a importância da capacidade de ouvir em suas atividades diárias de comunicação.

Um renomado psicólogo disse que deveríamos olhar para cada pessoa como se a mesma tivesse um cartaz pendurado em redor do pescoço, onde se lê: "Quero sentir-me importante". Sim, todos querem sentir-se importantes. Ninguém gosta de ser tratado como menos importante. E todos querem ainda que esta importância seja reconhecida. A própria experiência nos ensina que as pessoas, ao serem tratadas como tais, sentem-se felizes e procuram realizar e produzir mais. E quem se observa escutado, sente-se gratificado.

Durante cinco anos, o departamento de instrução para adultos, das escolas públicas de Minneápolis, ofereceu diversos cursos com o objetivo de melhorar a maneira de falar e um para melhorar a maneira de escutar, de ser um bom ouvinte. Os primeiros estavam sempre cheios, tal era a procura. O segundo não chegou a funcionar por falta de candidatos. Todos desejavam aprender a falar, mas ninguém queria aprender a ouvir.

O ouvir é algo muito mais complicado do que o processo físico da audição, ou de escutar. A audição se dá através do ouvido, enquanto que o ouvir implica num processo intelectual e emocional que integra dados físicos, emocionais e intelectuais na busca de significados e de compreensão. O ouvir eficaz ocorre quando o emissor é capaz de discernir e compreender o significado da mensagem do emissor. O objetivo da comunicação só assim é atingido.

Levantamento recente indica que, em média, a pessoa emprega: 9% do tempo, escrevendo; 16% do tempo, lendo; 30% do tempo, falando e 45% do tempo, escutando. Ouve-se quatro ou cinco vezes mais depressa do que se fala. As pessoas falam provavelmente à razão de 90 a 120 palavras por minuto e ouvem à razão de 450 a 600 palavras por segundo. Quer dizer, há um tempo diferencial entre a velocidade do pensamento para poder pensar, refletir sobre o conteúdo e buscar o seu significado.

Autores há que oferecem diversos princípios para aprimorar as habilidades essenciais para saber ouvir:

1. Procure ter um objetivo ao ouvir.

2. Suspenda qualquer julgamento inicial.

3. Procure focalizar o interlocutor, resistindo a toda espécie de distrações.

4. Procure repetir aquilo que o interlocutor está dizendo.

5. Espere antes de responder.

6. Procure recolocar com palavras próprias o conteúdo e o sentimento do interlocutor.

7. Procure atingir os pontos centrais do que ouve através das palavras.

8. Use o tempo diferencial para pensar e responder.

7
Receber *feedback*

Um objetivo que podemos fixar para nós mesmos no contexto de um grupo é o de diminuir a "Mancha Cega", isto é, mover a linha vertical para a direita, conforme se observa na figura abaixo.

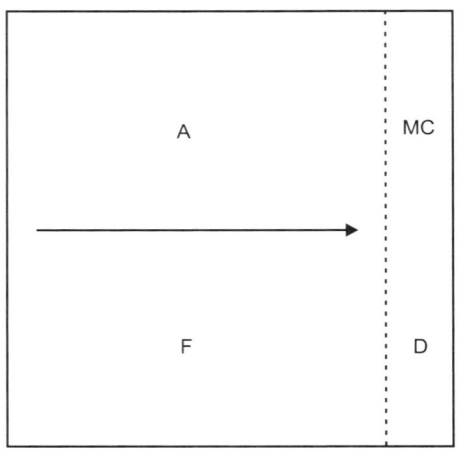

Como poderemos reduzir a nossa "Mancha Cega"? Uma vez que este quadrante contém informações que os participantes do grupo sabem a nosso respeito, mas das quais não estamos cientes, o único meio de aumentar a nossa conscientização dessas informações será obtendo *feedback* do grupo. Como consequência disso, precisamos desenvolver uma atitude de receptividade de modo a incentivar os membros do grupo a nos darem o *feedback*. Em outras palavras, precisamos solicitar ativamente o *feedback* dos participantes do grupo, de tal modo que eles se sintam à vontade em dá-lo a nós. Quanto mais praticarmos isto, mais a linha vertical se deslocará para a direita, aumentando dessa forma a área livre, a "Arena".

Os exercícios que se seguem ajudarão a diminuir a nossa "Mancha Cega".

8
Exercício: dar e receber *feedback*

Objetivos:

a) Descrever um comportamento aberto e fechado em termos de Janela de Johari.

b) Identificar as forças que facilitam e inibem o processo de dar e receber *feedback*.

c) Encorajar o aumento do comportamento aberto no grupo através do *feedback* facilitado.

Tamanho do grupo:

Oito a doze participantes, sendo possível orientar vários subgrupos, simultaneamente.

Tempo exigido:

Duas horas, aproximadamente.

Material utilizado:

a) Uma cópia do "escore pessoal" para cada participante dos subgrupos (conforme se encontra no final do exercício).

b) Lápis ou caneta.

c) Sendo possível, uma cópia da Janela de Johari para cada participante.

Ambiente físico:

Uma sala suficientemente ampla para acomodar todos os participantes, com carteiras.

Processo:

I. O animador explica a Janela de Johari e os objetivos do exercício, procurando centralizar a exposição sobre a importância de aumentar a "Arena", diminuindo a "Mancha Cega" e a "Fachada".

II. A seguir distribuirá uma cópia do "escore pessoal" para cada participante do grupo e formará subgrupos de oito a doze pessoas, caso o tamanho do grupo o exigir.

III. O animador esclarece que um dos objetivos do exercício consiste em descobrir dados dos membros, sobre os quais não estão conscientes, ou seja, procurar diminuir a "Mancha Cega". A maneira de realizá-lo será através do processo de receber *feedback*, o que quer dizer mostrar-se receptivo ao *feedback* e solicitá-lo. Em termos de modelo da Janela de Johari, a linha vertical se desloca para a direita na medida em que a "Mancha Cega" diminui.

IV. O animador poderá ilustrar no quadro-negro ou numa cartolina como isto ocorre:

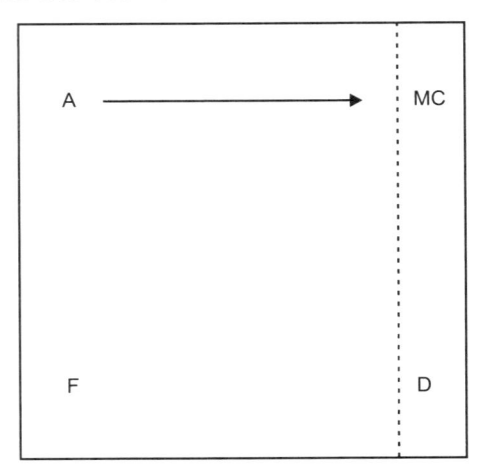

V. Em continuação, o animador pede que cada participante examine sua folha do "escore pessoal", onde se observa uma escala de 1 a 9 que descreve a extensão que pode alcançar um *feedback* solicitado. Por indicação do animador, todos procuram recordar-se da última reunião do grupo, e pensar quantas vezes se lembraram no decorrer da sessão como eram observados pelos outros. Quantas vezes desejavam saber como os outros do grupo se sentiram e conseguiram permanecer no grupo.

VI. Em seguida, o animador pede que todos observem novamente a folha do "escore pessoal", a fim de localizar na escala a posição que descreva o *feedback* solicitado atualmente durante esta reunião. É preciso enfatizar que todos devem registrar o número de vezes que solicitaram realmente o *feedback*, e não o número de vezes em que sentiram a necessidade do mesmo. Todos devem traçar uma linha vertical na janela assinalando na escala onde no momento se localiza.

VII. O animador volta a acentuar que o exercício pretende um outro objetivo, ou seja, chegar a uma abertura maior, isto é, oferecendo dados ao grupo que por uma razão ou por outra guardamos em segredo. Em outros termos, diminuir a "Fachada". O animador ilustra no quadro-negro ou numa cartolina como a linha horizontal se abaixa quando a "Fachada" diminui:

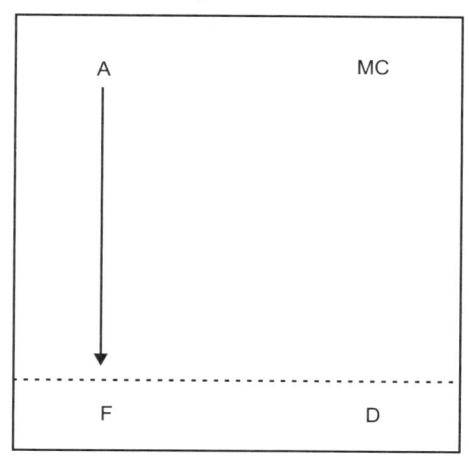

VIII. A seguir o animador mostrará que, ao reduzirmos a "Mancha Cega" e a "Fachada" mediante o processo de dar e receber *feedback*, estaremos, simultaneamente, aumentando o tamanho da nossa "Arena". Todos poderão novamente olhar para sua folha "de escore pessoal" e observar a escala de 1 a 9 na margem esquerda da folha, onde se mede a autoabertura ou o *feedback* que alguém dá de si mesmo para o grupo. Todos devem, pois, recordar a última reunião do grupo e relembrar-se quantas vezes no decorrer da sessão sentiram a necessidade de dar *feedback* ou de abrir-se ao grupo, expressando sentimentos pessoais ou percepções próprias.

IX. Todos procuram localizar na folha de "escore pessoal" na escala da esquerda a abertura dada atualmente no grupo. É preciso enfatizar que se deve registrar somente o *feedback* realmente dado e não o número de vezes que foi sentido. Uma vez localizada a posição na escala de 1 a 9, traça-se uma linha horizontal através de toda janela.

X. Em seguida formam-se subgrupos de três, para, durante uns vinte minutos, partilhar com os colegas dos subgrupos o resultado do processo de dar e receber *feedback*, registrado na folha de "escore pessoal". No decorrer desta tarefa aconselha-se que procurem dar e receber *feedback* aos membros do subgrupo, em relação às colocações individuais feitas. Uma vez terminada esta etapa, as pessoas dos subgrupos devem procurar identificar as forças do grupo que facilitam ou dificultam o processo de dar e receber *feedback*, procurando fazer uma lista dessas forças, para a seguir ser apresentada no plenário.

XI. Finalmente, no plenário segue-se a apresentação das forças que facilitam ou dificultam o processo de dar e receber *feedback* no grupo. Após a discussão dos mesmos, seguem-se os comentários e depoimentos sobre o exercício realizado.

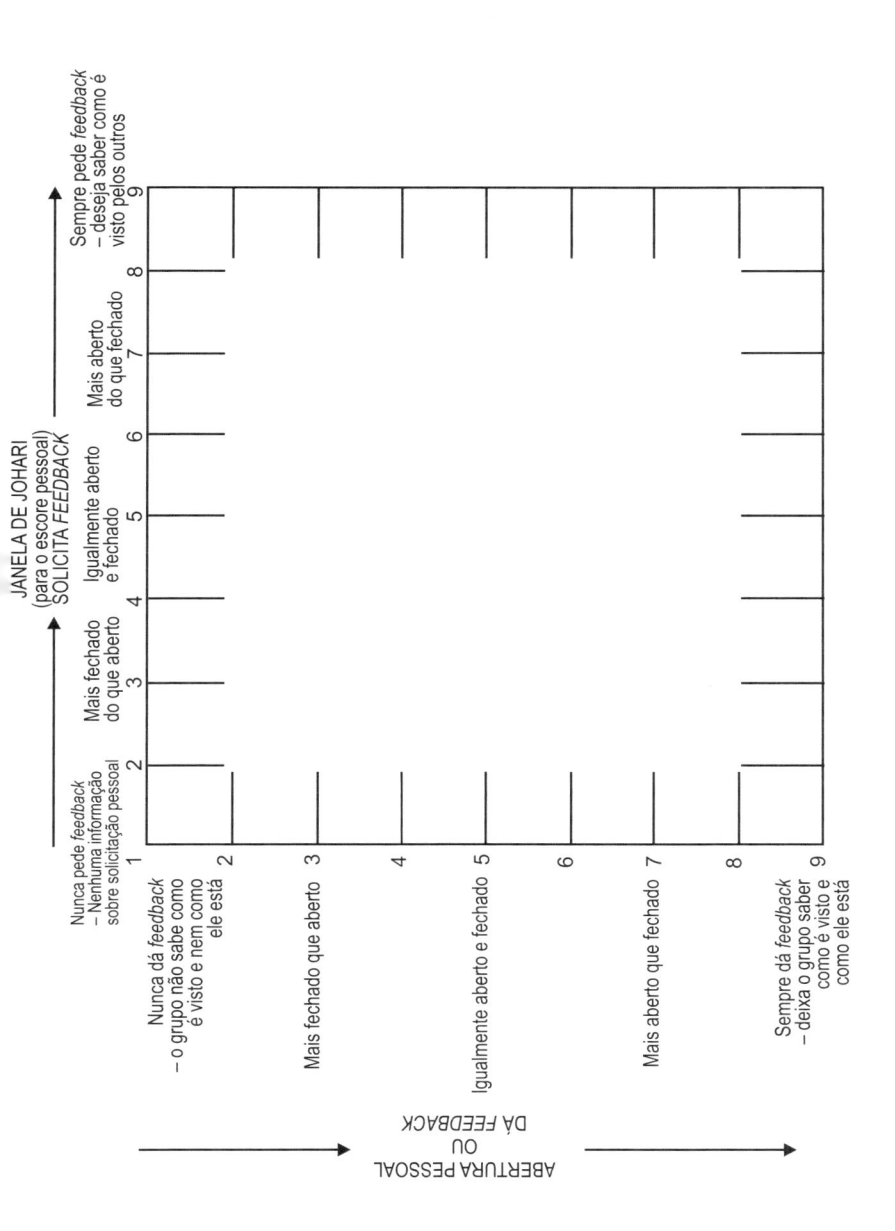

JANELA DE JOHARI
(para o escore pessoal)
SOLICITA *FEEDBACK*

Nunca pede *feedback*
– Nenhuma informação
sobre solicitação pessoal

Mais fechado
do que aberto

Igualmente aberto
e fechado

Mais aberto
do que fechado

Sempre pede *feedback*
– deseja saber como é
visto pelos outros

ABERTURA PESSOAL
OU
DÁ *FEEDBACK*

Nunca dá *feedback*
– o grupo não sabe como
é visto e nem como
ele está

Mais fechado que aberto

Igualmente aberto e fechado

Mais aberto que fechado

Sempre dá *feedback*
– deixa o grupo saber
como é visto e
como ele está

33

JANELA DE JOHARI

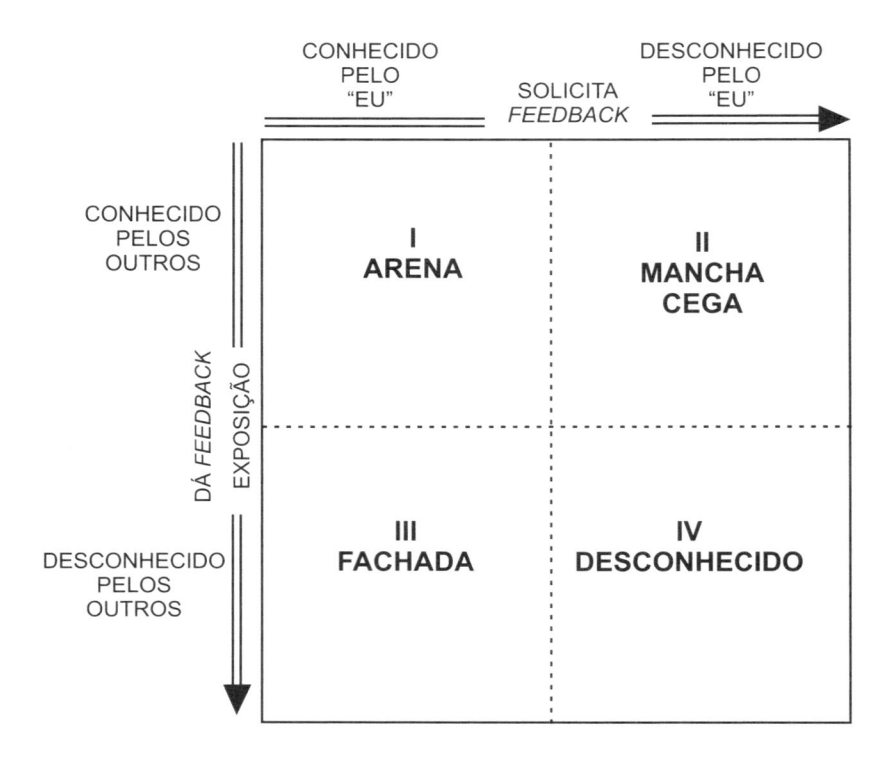

9
Apresentação

Objetivos:

a) Começar a integração do grupo, partindo de algo concreto.

b) Saber quem é quem.

c) Romper o gelo do princípio e evitar tensões.

d) Dar uma primeira ideia dos valores pessoais.

Tamanho do grupo:

Vinte e cinco pessoas, aproximadamente.

Tempo exigido:

Trinta e cinco minutos, dependendo do número de participantes do grupo.

Ambiente físico:

Uma sala suficientemente ampla, para acomodar todas as pessoas que integram o grupo.

Material utilizado:

Um cartão 8x12cm para a metade dos participantes, no qual constam as características dos indivíduos ou suas qualidades (Por exemplo: fraco, forte, jovem, olhos azuis, bigode, sorriso fácil, esportista, comunicativo, fácil relacionamento, pesquisador, pensamento profundo, etc.).

Processo:

I. O animador explica os objetivos do exercício e organiza dois subgrupos iguais, "A" e "B".

II. O subgrupo "A" irá colocar-se numa extremidade da sala e, no lado oposto, o subgrupo "B".

III. O animador entregará a cada membro do subgrupo "A" um cartão, no qual consta uma característica ou qualidade de um dos membros do subgrupo "B". É óbvio que o animador preparou brevemente estes cartões, e com muito cuidado, revelando realmente algo que realce alguma característica dos membros do subgrupo "A".

IV. A seguir cada membro do subgrupo "B" lerá a característica que está escrita no seu cartão, procurando identificar a pessoa nela caracterizada.

V. Uma vez todos identificados, forma-se a reunião plenária para comentários e depoimentos.

10
Exercício: receber *feedback*

Para sentir o processo de receber *feedback*, pode-se vivenciar o fenômeno, executando o seguinte exercício prático, que tem por:

Objetivos:

a) Receber informações sobre como o nosso comportamento está afetando os outros.

b) Fazer os outros verem como nós os vemos.

c) Aprofundar o nosso conhecimento pessoal e o dos outros.

Tamanho do grupo:

Com qualquer número de pessoas, uma vez que o exercício é feito com grupos a dois, que podem ser dirigidos simultaneamente.

Tempo exigido:

Quarenta minutos, aproximadamente.

Ambiente físico:

Uma sala suficientemente ampla com carteiras, para acomodar todas as pessoas.

Material utilizado:

Lápis e papel para cada participante do curso.

Processo:

I. O animador orientará os participantes sobre o exercício e os seus objetivos.

II. A seguir todos os participantes formarão subgrupos a dois, sentados frente à frente, para responder, por escrito, às seguintes perguntas:

a) Como você se sente diante do colega?

b) O que você notou por primeiro no colega?

c) Faça uma breve descrição daquilo que você observa no colega.

d) Escreva como você acha que seu colega se sente diante de você.

III. Decorridos uns oito a dez minutos, cada qual irá ler em voz alta as respostas ao item anterior.

IV. Seguem-se os comentários acerca do exercício vivenciado, podendo-se notar que, em geral, observamos nos outros valores que aceitamos e que cultivamos e, ainda, notamos nos outros o que não aceitamos em nós mesmos, ou aquilo que buscamos para nós. Nossa reflexão pode levar a observar como os preconceitos influem nos sentimentos que temos em relação aos outros, e que, portanto, perturbamos a objetividade dos conhecimentos humanos.

Nossa atitude diante dos outros é muitas vezes avaliativa? Quer dizer, julgamos friamente, tendo como referência somente aquilo que pensamos e cremos? Outras vezes, ela é interrogativa. Suspeitamos e duvidamos de tudo. Ou será ela generalizante? Catalogamos tudo debaixo de esquemas pessoais com pretensão de universalidade. E quem sabe, temos uma atitude de conselheiro? Nossa primeira reação consiste em dar conselhos ou insuflamos para que outras pessoas pensem do mesmo modo como nós? Usam os mesmos critérios? Para tudo temos um conselho eficaz e preparado. Estas nossas atitudes podem diminuir nossa aceitação e nossa acolhida no meio de um grupo.

11
Rótulos: o papel das expectativas de um grupo

Objetivos:

a) Experimentar as pressões das expectativas dos papéis.

b) Mostrar os efeitos das expectativas dos papéis no comportamento individual dentro de um grupo.

c) Explorar os efeitos das expectativas dos papéis sobre o desempenho total de um grupo.

Tamanho do grupo:

Sete a nove membros por subgrupo, sendo possível orientar simultaneamente vários subgrupos.

Tempo exigido:

Trinta minutos, aproximadamente.

Material utilizado:

Uma etiqueta ou rótulo com adesivo, para cada participante. Cada rótulo deverá conter um dos seguintes dizeres:

Aprecie-me

Aconselhe-me

Ensine-me

Ria de mim

Respeite-me

Ignore-me

Zombe de mim

Tenha piedade de mim

Ajude-me

Ambiente físico:

Uma sala suficientemente ampla para acomodar todos os participantes. É possível fazer o exercício sem cadeiras, uma vez que ele exige que todos os participantes se locomovam no recinto.

Processo:

I. O facilitador coloca na testa de todos os participantes uma etiqueta, procurando evitar que o recebedor veja os dizeres de seu rótulo.

II. A seguir o animador orienta os membros participantes para reagir com os demais membros do subgrupo conforme os dizeres do rótulo da testa, sem no entanto denunciá-los, pois deverão ser adivinhados pelas pessoas baseadas nas reações recebidas dos demais membros.

III. Após oito ou dez minutos, formam-se novamente os subgrupos, e cada membro, um por vez, dirá se adivinhou os dizeres do rótulo colocado na sua testa, e qual o seu significado.

IV. Finalmente forma-se o plenário, onde cada um poderá expressar-se sobre o que sentiu diante das reações dos outros membros do subgrupo. O facilitador poderá resumir os papéis exercidos pelo grupo.

Comediante:	ria de mim
Conselheiro:	aconselhe-me
Desamparado:	ajude-me
Chefe:	obedeça-me
Perdedor:	tenha compaixão de mim, tenha piedade de mim
Insignificante:	ignore-me
Estúpido:	zombe de mim
Pessoa importante:	respeite-me, aprecie-me

12
O que observar nos grupos

Objetivo:

Colaborar com os membros de um grupo para que compreendam e sejam mais perceptivos em relação ao processo grupal.

Tamanho do grupo:

Um grupo de dez ou doze membros, sendo possível orientar dois subgrupos simultaneamente.

Tempo exigido:

Duas horas, aproximadamente.

Material utilizado:

Uma cópia de "O que observar nos grupos" para cada membro participante, conforme segue abaixo.

Ambiente físico:

Uma sala suficientemente ampla, com cadeiras, para acomodar todos os participantes.

Processo:

I. O animador distribui uma cópia de "O que observar nos grupos" para cada participante e durante uns trinta minutos dirige uma sessão teórica baseada no processo grupal, conforme consta na cópia entregue a cada participante.

II. A seguir organizam-se subgrupos de dez a doze membros, cabendo a cada participante observar um título do processo de interação. Assim um membro fica atento à Participação, o outro à Influência, e um terceiro, aos Estilos de influência, e assim por diante.

III. O animador, em continuação, organiza durante uns dez minutos um exercício de discussão de determinado assunto, quando um grupo atuará como observador do grupo da ação, e depois, durante outros dez minutos, invertem-se os papéis: quem foi observador será membro de ação.

IV. Em continuação, o grupo de observadores dará o seu *feedback* ao grupo de ação, e vice-versa.

V. Finalmente, no plenário, haverá comentários acerca do exercício vivenciado.

13
O que observar nos grupos
(Guia de observação)

Em todas as reações humanas observam-se duas coisas – o conteúdo e o processo. O conteúdo diz respeito ao assunto sobre o qual o grupo trabalha. Na maioria das interações a atenção das pessoas é centralizada sobre o conteúdo. A segunda é o processo. É a preocupação sobre aquilo que acontece entre o grupo e com os membros do grupo durante o trabalho. O processo do grupo ou a sua dinâmica diz respeito à sua moral, aos sentimentos, à atmosfera, à influência, à participação, aos estilos de influência, às brigas de lideranças, aos conflitos, à competição, à cooperação, etc. Na maioria das interações, pouca atenção é dada ao processo, embora represente a principal causa da ineficácia de ação de um grupo. A sensibilidade no processo muito ajuda ao diagnóstico dos problemas de um grupo e a contorná-los mais efetivamente. Como esses processos são encontrados em todos os grupos, a consciência disso contribui para uma participação mais eficiente no grupo.

Abaixo, encontram-se algumas observações que podem servir de guia à análise do comportamento grupal.

Participação:

A participação verbal representa o envolvimento num grupo. A participação dos membros pode ser observada da seguinte maneira:

1. Quem mais participa?

2. Quem menos participa?

3. Alguma mudança de participação, ou seja, quem muito participa, de repente fica calado, e quem menos participa, de re-

pente fica falante? Observa alguma possível razão para explicar essa mudança de interação?

4. Como são tratadas as pessoas mais silenciosas? Como é interpretado o seu silêncio? Consentem? Discordam? Desinteressam? Têm medo?

5. Quem fala e com quem? Observa alguma razão para estas interações?

6. Quem facilita a interação no grupo? Por quê? Você observa alguma razão para essas interações?

Influência:

Influência não significa a mesma coisa que participação. Há pessoas que falam pouco, mas captam tudo no grupo. Outros falam demais e geralmente não escutam os outros falarem.

7. Quem mais influencia no grupo? Isto é, quando fala os outros escutam.

8. Quem influencia menos? Isto é, quando fala, outros ou não o escutam ou não fazem o que é dito. Há alguma influência mentirosa no grupo? Quem manobra o grupo?

9. Observa você alguma rivalidade no grupo? Há alguma briga para a liderança? Quais efeitos esta briga causa nos outros membros do grupo?

Estilos de influência:

A influência pode ter várias formas. Encontramos a influência positiva ou negativa; a de apoio ou de cooperação ou alienação.

Eis quatro estilos que com frequência emergem nos grupos:

Autocrático: Será que alguém tenta impor sua vontade ou seus valores, ou procura pressionar o apoio às suas decisões? Quem avalia ou julga os outros membros do grupo? Será que alguém bloqueia a ação quando o grupo não toma a direção desejada? Quem empurra para que o grupo se organize?

Pacificador: Quem apoia ativamente as decisões dos outros membros do grupo? Será que alguém insistentemente procura evitar conflitos ou sentimentos desagradáveis, procurando colocar um lenitivo? Será que alguém sistematicamente evita dar *feedback* negativo para os outros membros do grupo?

"Laissez-faire": Há pessoas que chamam atenção do grupo pela pouca participação? Há alguém do grupo que simplesmente concorda com as decisões do grupo sem participar nas decisões? Quem parece não participar, vive longe do grupo, não parece ter iniciativas, ou participa mecanicamente e só responde quando interrogado?

Democrático: Há alguém que procura a participação de todo o grupo nas decisões ou nas discussões? Quem expressa aberta e diretamente o que sente e emite suas opiniões sem temer o julgamento e a avaliação dos outros? Quem parece estar aberto às críticas ou ao *feedback* por parte dos outros? Quem procura resolver o problema quando as tensões sobem?

Como se processam as decisões:

Muitas decisões são feitas num grupo sem tomar em consideração os efeitos sobre os demais membros do grupo. Há quem procura impor sua própria decisão sobre o grupo, enquanto outros gostam que todos participem e compartilhem no processo da tomada de decisão.

– Será que alguém decide sem procurar a participação dos demais membros do grupo? Que efeito tem tal decisão sobre o grupo?

– Será que o grupo passa facilmente de um assunto a outro? Quem procura passar facilmente de um assunto a outro? Encontra você alguma razão para esse tipo de interação no grupo?

– Quem apoia as sugestões ou as decisões dos demais membros do grupo?

– Há busca de consenso no grupo?

– Há alguém que apresenta contribuições sem receber nenhuma resposta ou reconhecimento por parte dos demais membros do grupo?

Funções:

As funções ilustram comportamentos que se preocupam com a realização do trabalho ou o cumprimento da tarefa que o grupo tem para executar.

– Será que alguém pede ou faz sugestões sobre a melhor maneira de proceder na solução do problema?

– Há alguém do grupo que procura resumir o que foi feito no grupo?

– Quem do grupo pede fatos, ideias, opiniões, sentimentos, *feedback* ou busca alternativas?

– Quem procura manter o grupo? Quem previne contra os que procuram fugir do assunto?

Manutenção das funções:

Essas funções são importantes para a moral do grupo. Servem para manter um relacionamento bom e harmonioso de trabalho e cria uma atmosfera que permite a cada membro dar o máximo de si mesmo. Colabora na formação de um time eficiente de trabalho.

– Quem ajuda os demais a participarem na discussão?

– Quem interrompe os demais durante a discussão?

– Como os demais membros conseguem apresentar suas ideias? Há pessoas preocupadas e desatentas? Existe tentativa em tornar as ideias dos outros mais claras?

– Como são rejeitadas as ideias? Como reagem as pessoas, quando suas ideias são rejeitadas? Há pessoas que procuram apoiar as ideias rejeitadas?

Atmosfera do grupo:

A maneira de o grupo trabalhar cria uma atmosfera que deixa uma impressão geral sobre o grupo. As pessoas diferem na aceitação da atmosfera de um grupo em que gostam de trabalhar.

– Quem parece preferir uma atmosfera amiga? Há tentativa em suprimir conflitos ou sentimentos desagradáveis?

– Quem parece preferir uma atmosfera de conflito e de discordância? Há pessoas que provocam e incomodam os outros?

– Há pessoas que parecem interessadas e participantes? A atmosfera parece de trabalho, de satisfação, de luta, de briga?

Inclusão:

Uma das grandes preocupações dos membros de um grupo é o grau de aceitação ou inclusão no grupo. Existem diversas maneiras de interação que podem ser desenvolvidas num grupo para mostrar o grau de relacionamento social dos participantes.

– Existem subgrupos? Há pessoas que constantemente concordam com as demais pessoas do grupo, ou discordam?

– Existem pessoas que parecem não integradas no grupo?

Sentimentos:

Durante a discussão de grupo, geram-se frequentemente interações entre os membros do grupo. Poucas vezes falam daquilo que sentem. Os observadores baseiam-se muitas vezes no tom de voz, expressões faciais, gestos e outras comunicações não verbais.

– Que espécie de sentimentos você observa nos membros do grupo: raiva, irritação, frustração, calor, afeto, excitação, aborrecimento, defesa...?

– Você observa alguém que procura bloquear os sentimentos, particularmente os sentimentos negativos? Como é feito? Há alguém que o faça constantemente?

Normas:

Há normas que podem desenvolver num grupo o controle do comportamento de seus membros. As normas geralmente expressam os desejos da maioria, como aquilo que deveriam ou não deveriam fazer num grupo. Essas normas podem ser claras (explícitas) ou conhecidas por poucos, ou funcionam totalmente inconscientes por parte dos membros do grupo. Há normas que facilitam o progresso do grupo e outras impedem.

– Há assuntos que são evitados no grupo (sexo, religião, política). Quem parece reforçar essas normas? Como é feito?

– São os membros do grupo corteses uns para com os outros? Expressam só sentimentos positivos? Concordam facilmente entre si? Que acontece quando discordam?

14
Feedback baseado em símbolo

Objetivo:

Exprimir por meio de um símbolo, tomado da vida animal, como cada membro se manifesta no grupo, baseado em atitudes.

Tamanho do grupo:

Seis a sete participantes de um subgrupo, sendo possível orientar vários subgrupos, simultaneamente.

Tempo exigido:

Trinta minutos, aproximadamente.

Material utilizado:

Lápis e papel em branco.

Ambiente físico:

Uma sala suficientemente ampla para acomodar todos os participantes dos subgrupos.

Processo:

I. O animador explica os objetivos da tarefa, solicitando que todos os participantes do trabalho saibam aceitar com esportividade este exercício de *feedback*.

II. A seguir formam-se subgrupos de sete a oito participantes, entregando a cada pessoa uma folha em branco e lápis.

III. Iniciando a tarefa, o animador orienta o grupo no sentido de cada membro participante procurar descobrir nos colegas do subgrupo qual o animal com que mais se parece, escrevendo na folha este símbolo tomado na vida animal, ao lado do nome do colega.

IV. Depois de pensado e escrito o símbolo, todos vão dizendo a cada colega do subgrupo como o viram, sendo este o momento de esclarecer atitudes entre todos. Se alguém não tiver encontrado símbolo, não se preocupe, mas ofereça dados que esclareçam ou complementem os símbolos aduzidos.

V. Finalmente, forma-se o plenário para depoimentos e comentários acerca do exercício realizado.

Símbolo gráfico

O processo do exercício é semelhante ao símbolo verbal, com a diferença que o símbolo é expresso, não com palavras, mas com um desenho que depois será explicado ao grupo.

Como o símbolo verbal, o exercício do símbolo gráfico compreende: reflexão pessoal, representação gráfica do símbolo, exposição em grupo e explicação do símbolo, discussões e esclarecimentos.

15
Uma atividade de comunicação não verbal

Estuda-se muito, atualmente, o fenômeno das relações interpessoais. Trata-se, em última análise, de estabelecer as formas concretas através das quais uma pessoa exerce uma influência mais ou menos decisiva sobre outra pessoa e o grau dessa influência. Recentemente um psicólogo inglês referiu-se a uma forma de relação interpessoal, a uma forma de exercer influência sobre os outros, talvez a mais primária e, por isso mesmo, menos estudada. Trata-se da influência que a simples expressão do rosto exerce sobre as demais pessoas. Afirma o referido psicólogo que a expressão facial exerce uma influência, negativa ou positiva, em um raio de dez metros.

O exercício que segue tem por:

Objetivo:

Conseguir maior eficiência de comunicação, através de movimentos do corpo e da expressão facial.

Tamanho do grupo:

O tamanho pode ser variável, sendo possível orientar vários subgrupos, de oito a dez membros, simultaneamente.

Tempo exigido:

O tempo varia de acordo com o número de atos repetidos, do tamanho dos subgrupos e o número de situações diferentes da sessão.

Ambiente físico:

Uma sala bastante ampla, para acomodar todos os participantes, permitindo condições de poder movimentar-se.

Material utilizado:

a) Um cartão de 8x12cm, para cada membro participante, onde estão descritas as situações não verbais (conforme sugestões encontradas no final deste exercício).

b) Papel em branco e lápis.

Processo:

I. O animador começa explicando que todos os membros do grupo vão receber situações não verbais, cuja execução exige movimentos do corpo ou expressões faciais. Assim que algum elemento do grupo executar sua tarefa, os outros deverão procurar descobrir o significado da demonstração.

II. Procede-se à entrega dos cartões com a tarefa não verbal, para cada participante, ao mesmo tempo que todos recebem uma folha em branco e um lápis.

III. Inicia-se o exercício. Cada membro participante irá executar a tarefa que lhe coube, se possível no meio do grupo, e os outros irão anotar, na folha em branco, o significado da demonstração não verbal.

IV. Terminada a execução do exercício, o mesmo pode ser repetido, ou com outras tarefas, com a obrigação de cada qual usar, além dos movimentos do corpo, também expressões faciais.

V. No final de cada demonstração, pode-se discutir o exercício feito, com comentários por parte do grupo de observação, procurando-se explorar toda a riqueza da tarefa executada.

VI. O animador procurará demonstrar como nossos sentimentos são muitas vezes expressos não verbalmente, através de movimentos do corpo e de expressões faciais.

VII. Pode-se ainda solicitar aos participantes que pensem em situações nas quais expressam não verbalmente o que sentem. Por exemplo, nos momentos de alegria ou de tristeza, e assim por diante.

Sugestões para a demonstração não verbal

1. Servir uma refeição.
2. Caminhar através de neve.
3. Pregar tábuas.
4. Carregar um copo cheio de água, sem derramar o líquido.
5. Colocar a mesa para o almoço.
6. Caminhar sobre um tapete de ovos.
7. Enxugar pratos.
8. Jogar futebol.
9. Fazer um bolo.
10. Jogar cartas.
11. Subir numa árvore.
12. Andar de bicicleta.
13. Subir uma escada.
14. Abrir um embrulho que contém um presente.
15. Pôr um par de botas e amarrar o cadarço.
16. Puxar uma corda.
17. Datilografar.
18. Atravessar um rio.

16
Uma pessoa com coração
Tornar a conhecer-se

Objetivos:

a) Ajudar os outros a conhecer-se melhor compartilhando seus pensamentos e sentimentos acerca de um desenho simbólico.

b) Identificar as qualidades pessoais que as pessoas gostariam de melhorar e desenvolver.

Tamanho do grupo:

Seis a oito pessoas, sendo possível orientar vários subgrupos.

Tempo exigido:

Aproximadamente trinta a quarenta minutos.

Ambiente físico:

Uma sala suficientemente ampla para acomodar os subgrupos. Cadeiras para cada pessoa.

Material utilizado:

a) Uma cópia com o desenho de um "homem simbólico" conforme se encontra no final do exercício.

b) Papel em branco e lápis.

Processo:

I. O animador distribui uma cópia do desenho que representa o "homem simbólico", papel e lápis para todos os participantes, que deverão estudar o desenho, lançando na folha suas primeiras reações, assim como o significado do desenho, levando para isso uns cinco minutos.

II. A seguir formará subgrupos, pedindo que todos compartilhem entre si as reações e percepções acerca do desenho.

III. Terminada esta tarefa, o animador solicita às pessoas dos subgrupos para que pensem numa pessoa conhecida que tinha ou tem "coração", isto é, uma pessoa que é prestimosa, dedicada, cuidadosa para com os outros, é um modelo para com outras pessoas, em termos de atenções, dedicação e zelo.

IV. Uma vez que os participantes consigam mentalmente esta pessoa, o animador formula as seguintes perguntas:

1. Procurem fazer uma lista das qualidades pessoais desta pessoa.

2. Anotem quais dessas qualidades são encontradas também nos participantes do subgrupo.

3. Procurem anotar aquelas qualidades que os participantes gostariam de melhorar e desenvolver em si mesmos.

V. Cada participante a seguir deverá descrever brevemente aquela pessoa que ele pensa e sente ter "coração", e algumas das qualidades pessoais daquela pessoa. Poderá ser feito oralmente.

VI. A seguir, os membros dos subgrupos partilham entre si uma qualidade pessoal que acreditam possuir como característica pessoal.

VII. Prosseguindo, procurarão compartilhar uma qualidade que gostariam de melhorar em si mesmos.

VIII. Segue-se, no plenário, um *feedback* sobre a experiência vivenciada.

17
Relacionamento grupal

Objetivos:
a) Projetar seus próprios gostos, aspirações e desejos.
b) Procurar medir seus próprios valores com os outros.

Tamanho do grupo:
Vinte e cinco pessoas, aproximadamente.

Tempo exigido:
Trinta minutos.

Material utilizado:
Papel em branco e lápis.

Ambiente físico:
Uma sala suficientemente ampla para acomodar todos os participantes, com carteiras.

Processo:
I. O animador expõe os objetivos do exercício.

II. A seguir, a pedido do animador, todos procuram localizar duas pessoas no grupo com as quais se assemelham em atitudes, aptidões, comportamentos, gostos e interesses.

III. Cada qual fará sua escolha e procurará justificar o porquê.

IV. Em continuação, cada qual lerá para o grupo as respostas aceitando críticas, apoios e discordâncias.

V. Procura-se aprofundar o exercício.

VI. Na avaliação do trabalho, o grupo procurará saber:

– acerca da autenticidade e validade do trabalho;

– quais as pessoas do grupo foram mais escolhidas e por quê?;

– sobre as discordâncias entre a escolha e as opiniões do grupo;

– em que linha apareceram as aspirações, os desejos de cada um?

18
Suas preferências sociais

Objetivos:

a) Ajudar as pessoas para que se tornem mais conscientes acerca de suas preferências sociais (de que espécie de pessoas mais gostam), bem como os sentimentos que têm quando suas percepções foram confirmadas ou não.

b) Encorajar os participantes para que reconheçam seus sentimentos, quando suas percepções foram ou não confirmadas por alguma outra pessoa.

Tamanho do grupo:

Subgrupos a dois, sendo possível orientar dez a quinze subgrupos.

Tempo exigido:

Cerca de uma hora e meia.

Ambiente físico:

Uma sala com carteiras para poder acomodar todos os participantes.

Material utilizado:

Papel em branco e caneta.

Processo:

I. O animador solicita que todos os participantes, uma vez munidos de caneta e papel, escrevam algumas palavras ou frases curtas, descrevendo as características de pessoas de que eles gostam mais, tais como: beleza, inteligência, riqueza, coragem, etc.

II. Prosseguindo, o animador solicita que todos os participantes procurem olhar para os colegas, a fim de verificar se a descrição feita, segundo o item anterior, aplica-se a algum membro do grupo. Em caso afirmativo, podem apresentar-se àquele membro participante, durante uns cinco a oito minutos.

III. Cada participante pedirá a seu colega que descreva como ele se vê a si mesmo. O participante observa a justeza dessas percepções em confronto com aquelas da percepção pessoal da outra pessoa.

IV. O participante partilhará, a seguir, suas percepções próprias com seu colega e seus sentimentos de estar "certo" ou "errado".

V. Em seguida, reunidos num grupão, prosseguem-se os comentários e os depoimentos acerca do exercício vivenciado.

19
Exercício de um consenso grupal
A história da compra de mercadorias

Objetivos:

a) Sentir a dificuldade de compreender o que se encontra. Um texto escrito sem julgar ou fazer suposições.

b) Explorar o impacto que as suposições têm sobre a decisão.

Tamanho do grupo:

Subgrupos formados com cinco a sete membros; é possível orientar vários subgrupos, simultaneamente.

Tempo exigido:

Quarenta minutos, aproximadamente.

Material utilizado:

Uma cópia da história da "compra de mercadorias", conforme texto encontrado no final do exercício, para cada membro dos subgrupos.

Ambiente físico:

Uma sala suficientemente ampla, com cadeiras, para acomodar todos os subgrupos.

Processo:

I. O animador explica os objetivos do exercício e distribui uma cópia da história "da compra de mercadorias" para cada membro participante, que durante uns cinco a oito minutos deverá ler e assinalar as declarações consideradas verdadeiras (V), falsas (F) ou desconhecidas (?).

II. A seguir, serão formados subgrupos de cinco a sete membros, recebendo cada subgrupo uma cópia da história da "compra de mercadorias", para o trabalho do consenso do grupo, durante doze a quinze minutos, registrando novamente as considerações Verdadeiras, Falsas ou Desconhecidas.

III. A seguir, organiza-se o plenário, para que cada subgrupo faça a leitura do trabalho realizado, e na ocasião o animador declara que os números 1, 8 e 9 são Verdadeiros, e os outros todos Desconhecidos.

IV. Finalmente haverá comentário sobre o exercício, sendo possível ouvir depoimentos por parte dos participantes.

Exercício da "Compra de mercadorias"

A história:

Num sábado, a Sra. Patrícia Maria foi, durante duas horas, fazer compras. Tinha de comprar vários itens num mercado bem perto. Viajou ao próximo subúrbio a fim de comprar as mercadorias por serem mais baratas num supermercado situado naquela cidade. A Sra. Patrícia Maria tinha uma vizinha. A Sra. Daniele cuidou de seu filho Luís na ausência da mãe. Durante sua ausência, a casa pegou fogo e Luís queimou-se gravemente. Ela ficou muito nervosa e quase entrou em estado de choque quando viu o Luís.

	Verdadeiro	Falso	Desconhecido
1. A Sra. Patrícia Maria ficou fora de casa ao menos duas horas, no sábado	V	F	?
2. A Sra. Patrícia Maria ficou fora de casa ao menos duas horas num final de semana	V	F	?
3. As mercadorias eram mais baratas no supermercado do subúrbio	V	F	?
4. A casa encostada à da Sra. Patrícia Maria pegou fogo	V	F	?
5. A casa da Sra. Patrícia Maria pegou fogo	V	F	?
6. A Sra. Patrícia Maria foi fazer compras num armazém do subúrbio	V	F	?
7. A Sra. Patrícia Maria ficou nervosa quando ela viu que Luís se queimou gravemente	V	F	?
8. A Sra. Daniele cuidou de Luís	V	F	?
9. Luís era o filho da Sra. Patrícia Maria	V	F	?

20
Dar *feedback*

Outro objetivo que podemos estabelecer para nós mesmos, conforme a Janela de Johari, é reduzirmos a nossa "Fachada", isto é, deslocar a linha horizontal para baixo, como se observa na figura abaixo:

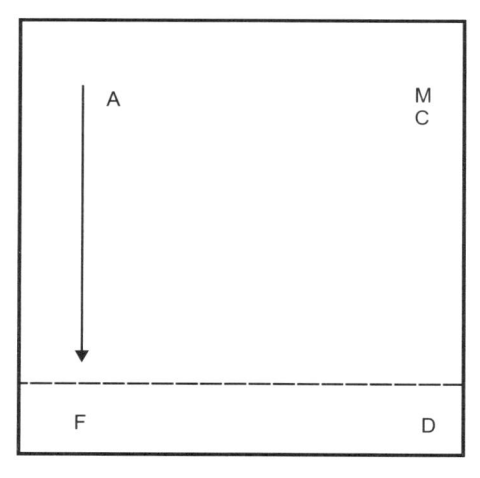

Como poderemos reduzir a nossa "Fachada"? Uma vez que este quadrante contém informações que temos resguardado do grupo, poderemos reduzi-lo dando *feedback* ao grupo ou aos participantes do mesmo acerca de nossas reações quanto ao que se está passando dentro do grupo e conosco também. Neste caso estaremos dando *feedback* ou expondo-nos em termos das nossas percepções, sentimentos e opiniões sobre aspectos nossos e dos outros. Mediante esta abertura, o grupo fica sabendo da nossa posição e não precisa de conjeturas e interpretações sobre o significado dos nossos comportamentos. Quanto mais abertura dermos, mais baixo deslocaremos a linha horizontal.

Os exercícios que se seguem têm por objetivo diminuir a "Fachada".

21
Exercício de apresentação

Introdução:

O exercício que segue pode ser usado no início de um curso de Relações Humanas, ou depois de algum tempo de vivência grupal. Se for no começo do curso, o animador fará sentir aos participantes que se trata de um exercício de aproximação interpessoal. Se for depois, será uma complementação lógica. É importante acentuar que jamais acabamos de nos conhecer suficientemente. O conhecimento é um processo e não um ato. Cada pessoa humana é uma surpresa permanente. Um conhecimento que não leva a compromisso pode ser perigoso, egoísta e até superficial.

Objetivos:

a) Procurar uma maior aproximação entre os participantes.

b) Visar a desinibir as pessoas do grupo.

c) Aprofundar os conhecimentos recíprocos.

Tamanho do grupo:

Vinte e cinco pessoas, aproximadamente.

Tempo exigido:

Uma hora.

Ambiente físico:

Uma sala bastante ampla, que permita a movimentação do grupo todo.

Processo:

I. O animador explica os objetivos do exercício, realçando a importância do conhecimento dos membros do grupo.

II. A seguir, por ordem do animador, cada qual procura do seu lugar olhar para os colegas do grupo, e em silêncio formam-se subgrupos a dois, na medida do possível, pessoas desconhecidas, para uma entrevista recíproca.

III. Se houver um número ímpar, pode-se formar um subgrupo de três participantes.

IV. Segue-se a entrevista. Cada qual se apresenta ao colega.

V. Decorridos uns sete a oito minutos, será feita a apresentação ao grupão, cabendo a cada um apresentar o colega entrevistado.

VI. Finalmente formam-se pequenos subgrupos para uma avaliação, procurando responder às seguintes perguntas:

a) Como me senti na entrevista com o colega?

b) Como me senti, apresentando o colega?

c) Como observei os demais membros do grupão?

VII. Antes de encerrar, pode-se aprofundar com as seguintes reflexões:

– Qualquer grupo de trabalho necessita desde o início integrar-se.

– O conhecimento direto das pessoas com as quais trabalhamos ajuda a quebrar o gelo, romper barreiras e maior rendimento no trabalho.

– O conhecimento não é um fato acabado, mas um processo, algo contínuo, sempre novo na vida.

– A intercomunicação é base para o conhecimento do outro e de si mesmo.

– Geralmente conhecemos nos outros só o nome, título, função e comunicamos com os mesmos só em nível secundário.

Este exercício permite uma autoavaliação. Na verdade o que me interessa nos outros? Na prática perguntamos algo sobre sua vida, ou sobre suas funções, cargos, etc. Seu nome, estado social nos interessa mais do que seus sentimentos. Corrigindo, quais seriam nossas perguntas realmente importantes para melhor conhecer o colega como pessoa humana?

22
Integração do grupo

Introdução:

A integração das pessoas num grupo jamais é um fato adquirido e conservado – mas um processo do dia a dia. Os exercícios de integração ajudam a:

– identificar as causas e as dificuldades de integração;

– remover obstáculos para o apreço mútuo;

– acelerar um processo natural de integração;

– questionar um relacionamento que se apresenta difícil;

– movimentar os relacionamentos que estão estacionados;

– aprender a encontrar-se com os demais num nível mais profundo;

– questionar as relações de pessoa a pessoa, de pessoa com o grupo, do grupo com o grupo, em linha de integração;

– o importante é que cada um seja respeitado e valorizado como pessoa única. Como "ninguém é tão rico que não possa receber, nem tão pobre que não possa dar", um processo de integração pode potencializar as capacidades de cada um e assim libertar e promover as pessoas de maneira muito concreta e imediata.

Objetivos:

a) Procurar integrar aqueles que não se conhecem e aqueles que mantêm preconceitos e ressentimentos.

b) Tentar relacionamentos rápidos em nível afetivo.

c) Dar aos membros do grupo um sentido de apreço para todos.

d) Levar o grupo a superar certa intelectualização estéril que nasce num grupo de discussão.

e) Integrar os recém-chegados ao grupo.

f) É um exercício de degelo.

Tamanho do grupo:

Um grupo de seis pessoas, sendo possível coordenar uns três subgrupos, simultaneamente.

Tempo exigido:

Trinta minutos.

Material utilizado:

Um cartão de 8x12cm para cada participante, onde estão cinco experiências (conforme relação que se encontra no final do exercício).

Ambiente físico:

Uma sala suficientemente ampla, com cadeiras, para acomodar todas as pessoas participantes.

Processo:

I. O animador inicia o exercício, explicando os objetivos do mesmo.

II. A seguir forma subgrupos de seis pessoas, avisando que irão permutar livremente experiências, e não opiniões sobre temas que indicará. É preciso esclarecer que não se trata de um grupo de discussão. A tarefa é centralizada sobre um problema-reflexão e um aprofundamento. A troca de experiências que será feita em cada subgrupo se centraliza sobre pessoa, vivência, sentimentos.

III. A seguir, dará para cada membro dos subgrupos um cartão no qual se encontram cinco experiências, conforme a relação abaixo.

IV. Cada membro do subgrupo irá ter sua frase, completando-a, procurando aprofundar o mais possível. É importante que o intercâmbio das lembranças, experiências, tristezas, alegrias se desenvolva num clima de abertura e de calor humano.

V. Finalmente, terminada a tarefa, forma-se o grupão para comentários sobre o exercício feito.

VI. Avaliação e conclusões.

Relação dos possíveis temas para o exercício da troca de experiências

1. Consegue-se êxito na vida...

2. Alguém trabalha duro, quando...

3. Alguém encontra tempo para algo mais, quando...

4. Quando alguém sofre, sente...

5. Um bom conselho em tempo oportuno...

6. As pessoas que esquecemos...

7. Faz algum tempo que...

8. Fracassos que transformamos em novos sucessos...

9. As amizades que mais nos ajudam...

10. Sabe-se enfrentar os desafios da vida, quando...

11. Começamos a ser adultos, quando...

12. Há fatos que revelam nossas possibilidades...

13. Revelamos nossas limitações, quando...

14. O valor de encontrar alguém que nos diga a verdade com toda a sinceridade...

15. Nada nos frustra tanto...

16. O professor que mais me ajudou na vida foi...

17. O melhor vizinho que já tive...

18. As melhores férias...

19. O momento inesquecível de minha vida foi...

20. Um acontecimento que muito me ajudou na vida...

21. Eu queria ser...

22. O de que mais gosto na minha vida...

23. Quando era criança detestava... e agora...

24. Quando tenho algo a dizer...

25. Quando tenho o problema difícil...

26. Ocasiões em que me senti útil...

27. Ocasiões em que me senti inútil...

28. Paisagens que me inspiram...

29. Coisas que me comovem...

30. Situações que me provocam...

23
Integração comunitária

Objetivos:

a) Desenvolver um clima de integração e de inter-relação num grupo.

b) Colocar em comum as experiências dos participantes do grupo.

Tamanho do grupo:

Vinte e cinco pessoas, aproximadamente.

Tempo exigido:

Quarenta minutos.

Material utilizado:

Papel em branco e lápis.

Ambiente físico:

Uma sala para acomodar todos os participantes, com carteiras.

Processo:

I. O animador começa por explicar os objetivos do exercício.

II. Após distribuir uma folha e lápis para cada participante, cada qual responderá, por escrito, às seguintes perguntas:

a) Com quem deste grupo estou me relacionando melhor? Por quê?

b) Com quem tive mais dificuldades? Por quê?

c) Quem deste grupo ajuda a vida comum? Por quê?

d) Quem mais dificulta esta vida comum? Por quê?

III. Assim que todos responderem, passa-se a pôr em comum o que escreveram, discutindo cada resposta, procurando aprofundar o problema e tentando uma possível solução.

IV. Finalmente, no plenário, procura-se aprofundar a vida comunitária, o seu processo e as dificuldades encontradas para maior comunicação interpessoal.

24
Conhecimento mútuo

Objetivos:

a) Conhecer os interesses, as atitudes e a maneira de ser dos integrantes do grupo.

b) Inter-relacionar-se com as pessoas do grupo.

Tamanho do grupo:

Vinte e cinco pessoas, aproximadamente.

Tempo exigido:

Trinta e cinco minutos.

Material utilizado:

Uma folha de papel em branco e caneta para cada participante.

Ambiente físico:

Uma sala suficientemente ampla, para acomodar todos os participantes, com carteiras.

Processo:

I. O animador explica os objetivos do exercício.

II. A seguir, forma três subgrupos, solicitando que, durante dez minutos, respondam às seguintes perguntas:

Subgrupo "A": Que coisas facilitam um melhor conhecimento mútuo entre as pessoas?

Subgrupo "B": O que gostariam de saber de cada um dos colegas do grupo?

Subgrupo "C": Que coisas dificultam um bom relacionamento humano?

III. Cada subgrupo indica um relator para apresentar no plenário as conclusões.

IV. Forma-se o plenário para que cada subgrupo apresente suas conclusões.

V. Comentários sobre o exercício realizado.

25
Opções de valores

Objetivo:

Oferecer uma oportunidade para que os membros participantes do grupo possam fazer um autoexame mais profundo e julgar valores.

Tamanho do grupo:

Número ilimitado de participantes.

Tempo exigido:

Uma hora, aproximadamente.

Material utilizado:

Uma cópia, com três ou quatro valores alternativos, para cada participante, conforme listagem encontrada logo abaixo.

Ambiente físico:

Uma sala, com cadeiras, suficientemente ampla para acomodar todos os participantes.

Processo:

I. O animador explica para os membros participantes que lhes entregará uma listagem de perguntas que exigirá um autoexame mais profundo e um julgamento de valores.

II. A seguir, entregará uma cópia para cada participante, com três ou quatro alternativas, cabendo a cada qual responder todas as perguntas, colocando diante de cada valor um número de um a três ou a quatro, de acordo com a sua ordem de preferência.

III. Uma vez que todos responderam às perguntas, formam-se subgrupos, caso o tamanho do grupo assim o exigir, para que todos possam ler suas respostas e justificar as razões de sua ordem de preferência.

IV. Por último, forma-se o grupão para os comentários acerca do exercício realizado.

Valores prioritários

1. O que você considera mais importante numa amizade?
____ lealdade   ____ generosidade   ____ honestidade

2. De qual estação você mais gosta?
____ inverno   ____ verão   ____ primavera   ____ outono

3. Se você recebesse R$ 1.000,00, o que você faria com a importância?
____ colocaria na Caderneta de Poupança
____ daria para uma obra de caridade
____ compraria algo para mim

4. O que você acredita ser mais prejudicial?
____ cigarro   ____ maconha   ____ álcool

5. Até que horas você acha que um jovem ou uma jovem de 14 anos deve voltar para casa, sábado à noite?
____ às 22 horas ____ às 24 horas ____ cabe ao jovem decidir

6. Se você fosse o pai ou a mãe, até que hora você deixaria seu filho ou filha voltar à noite?
____ 22 horas ____ 24 horas ____ cabe ao filho ou filha decidir

7. Onde você prefere morar?

____ numa fazenda ____ num bairro ____ dentro da cidade

8. O que mais lhe agrada:

____ passar o inverno nas montanhas

____ o verão na praia

____ o outono no interior

9. O que você prefere ser:

____ filha ou filho único

____ a filha ou filho mais velho

____ a filha ou filho mais moço

10. Se você fosse presidente, a que você daria prioridade:

____ ao programa de energia nuclear

____ ao programa da pobreza

____ ao programa da segurança

11. O que é pior para você:

____ ser muito pobre

____ ser muito doente

____ ser desfigurado fisicamente

12. Com quem você prefere casar?

____ pessoa inteligente

____ uma alta personalidade

____ uma pessoa muito *sexy*

13. Em que você acha se deveria gastar mais dinheiro:

____ na exploração dos planetas

____ na cura do câncer

____ saúde e educação dos favelados

14. Quando você tira nota baixa nos exames você se preocupa?

____ de você mesmo

____ dos seus pais

____ em aborrecer os professores

15. Qual o professor que você prefere:

____ exigente na aula e que dá pouco dever de casa

____ exigente na sala e que dá muito dever de casa

____ pouco exigente na sala de aula e que dá muito dever de casa

16. O que menos gostaria de fazer?

____ ouvir uma sinfonia de Beethoven

____ assistir, pela TV, a um debate cultural

____ assistir, pela TV, a uma partida de futebol

17. O que você gostaria de melhorar:

____ sua aparência física

____ o uso de seu tempo livre

____ sua vida social

18. O que você mais gosta?

____ estar sozinho

____ estar num grupo grande

____ estar com poucos amigos

19. Se você dispusesse de R$ 50.000,00 para gastar na decoração de sua sala, você gastaria:

____ R$ 20.000,00 na pintura e o restante na mobília

____ R$ 30.000,00 na mobília e o restante com a compra de um quadro original

____ Toda quantia na compra de mobília

20. Todos pretendem um dia casar e formar uma família. No caso de sua mãe falecer, e seu pai com idade, o que você faria:

____ convidá-lo a viver com a sua família

____ interná-lo num asilo de velhos

____ dar-lhe um apartamento para que viva sozinho

21. Caso os seus pais vivam em constante conflito, o que você gostaria que eles fizessem?

____ divorciar-se

____ permanecer juntos procurando dominar-se por amor aos filhos

____ divorciar-se e você viver com o pai

22. O que você faria no aniversário de seus pais:

____ compraria um lindo presente

____ faria uma grande festa para eles

____ levá-los-ia para um jantar num restaurante e para um *show*

23. Se você tivesse apenas duas horas para ficar com um amigo, o que você faria:

____ conversaria com ele

____ iria com ele para um cinema

____ faria com ele um passeio

24. Qual é o ato religioso mais importante para você num domingo pela manhã?

____ assistir à missa ou a um culto religioso na igreja

____ visitar um doente num hospital

____ acompanhar um culto ou uma missa pela TV

25. Numa cidade estranha, onde você procuraria por ajuda:

____ numa igreja ____ na polícia ____ numa escola

26. Qual é o problema mais sério de sua cidade?

____ transporte

____ a falta de segurança

____ problemas de saúde e educação

27. Que país você gostaria de visitar:

____ Inglaterra ____ Rússia ____ Japão

26
Exercício: dar *feedback*

Objetivos:

a) Comunicar verbal ou não verbalmente a uma pessoa ou grupo de pessoas, fornecendo informações sobre o estado dos sentimentos e percepções.

b) Abrir-se para os outros, criando maior clima de confiança no grupo.

Tamanho do grupo:

Com grupos de oito pessoas, sendo possível orientar vários subgrupos.

Tempo exigido:

Trinta minutos, aproximadamente.

Material utilizado:

Um cartão de 8 x 12cm, para cada membro participante, onde estão escritas três perguntas a que responderão os subgrupos (conforme sugestões encontradas no final desse exercício).

Ambiente físico:

Uma sala suficientemente ampla com carteiras, para acomodar todos os participantes.

Processo:

I. O animador orientará os participantes sobre os objetivos do exercício.

II. A seguir, formará subgrupos de oito pessoas, distribuindo para cada membro participante um cartão com as perguntas.

III. Uma vez formados os subgrupos, cada membro participante responderá às perguntas para o grupo.

IV. Cada subgrupo, terminada a tarefa, durante alguns minutos, fará comentários acerca do exercício.

V. Finalmente, organiza-se o grupão para depoimentos finais sobre o exercício feito.

Exemplo de perguntas a serem formuladas para o exercício do "Dar *feedback*"

1. Você é tímido?
2. Qual a sua maior alegria na vida?
3. Que fato de sua infância você gosta de recordar?
4. Que coisas gostaria de fazer, mas raras vezes consegue?
5. Quando sente maior segurança?
6. O que não gosta de fazer?
7. Você se considera uma pessoa com iniciativas?
8. O que mais o encanta nos outros?
9. O que mais o entristece?
10. Com quem você se sente mais seguro?
11. O progresso atual o encanta? O questiona? O preocupa?
12. Você tem algum *hobby*? Qual?
13. A sua vida lhe satisfaz?
14. O que mais o aborrece na vida?
15. Que busca na vida?
16. Prefere a cremação após a morte? Por quê?
17. Você se considera organizado? Superorganizado? Desorganizado?
18. Qual a primeira notícia que você lê no jornal?
19. O que mais aprecia nos outros?

20. O que você entende por valores pessoais? Diga alguns valores que aprecia.

21. Como você se sente no meio da multidão?

22. Que valor você dá à prática da religião?

23. Qual a qualidade que você mais aprecia no grupo?

24. Quais são os seus maiores bloqueios num grupo?

27
Encontro a dois

Objetivos:

a) Aprofundar o conhecimento recíproco.

b) Compartilhar uma experiência vivencial.

c) Avaliar o nível de capacidade de abertura e espontaneidade nas relações mais comprometedoras.

Tamanho do grupo:

Com qualquer número de participantes.

Tempo exigido:

Quarenta e cinco minutos, aproximadamente.

Material utilizado:

Uma cópia de perguntas incompletas para cada participante, conforme listagem encontrada logo abaixo.

Ambiente físico:

Uma sala, com cadeiras, suficientemente ampla para acomodar todos os participantes.

Processo:

I. O animador explica os objetivos do exercício e a seguir distribui a listagem de perguntas para cada participante.

II. Formam-se subgrupos a dois, possivelmente os pares são formados com pessoas que pouco se conhecem.

III. Um participante dos subgrupos a dois inicia a leitura das perguntas, completando-as com respostas curtas, cabendo ao parceiro escutar atentamente.

IV. Quando o primeiro dos relatores tiver terminado, invertem-se os papéis.

V. Finalmente, forma-se o grupão para os comentários acerca do exercício realizado.

Relação de perguntas

1. Quando penso no futuro, eu me vejo...

2. Quando estou num grupo novo, eu me sinto...

3. Quando entro numa sala cheia de pessoas, eu normalmente me sinto...

4. Quando estou preocupado com uma nova situação, eu comumente...

5. Sinto-me confortável num grupo onde o líder...

6. As normas sociais me fazem sentir...

7. Em situações ambíguas, não estruturadas, eu...

8. Eu sou mais feliz quando...

9. As coisas que mais me descontrolam...

10. Neste momento estou sentindo...

11. O que mais me inibe em reuniões de grupo é...

12. Quando não sou reconhecido, eu...

13. Quando estou sozinho, geralmente...

14. O que agora sinto diante de você é...

15. No meio das pessoas, eu...

16. Eu me integro no grupo, quando...

17. A emoção que mais dificuldade sinto em controlar é...

18. Meu ponto fraco é...

19. Tenho medo de...

20. Creio em...

21. Tenho vergonha de...

22. O que mais me alegra é...

23. O que mais me enerva é...

24. O que mais me entristece é...

25. A maior esperança que tenho é...

26. A pessoa que mais admiro é...

27. O que aprecio em você é...

28. Para mim, receber ordens de outras pessoas me causa...

29. Eu amo quando...

30. Desejo-te...

28
Um *feedback* sobre a confiança

Objetivos:

1. Examinar os sentimentos não expressos de confiança e desconfiança dentro de um grupo, a fim de esclarecer as razões desses sentimentos.

2. Aumentar os sentimentos de confiança num grupo.

3. Promover uma abertura pessoal e correr um risco.

Tamanho do grupo:

Vinte a vinte e cinco pessoas, aproximadamente.

Tempo exigido:

Uma hora e meia.

Material utilizado:

Uma cópia do "Inventário de *status*" para cada membro participante, conforme consta abaixo.

Ambiente físico:

Uma sala suficientemente ampla para acomodar todos os participantes.

Processo:

I. Após aproximadamente meia hora de interação, o animador distribui uma cópia do "Inventário de *status*" para cada participante, explicando que o inventário ajuda o exame dos sentimentos em relação aos outros membros do grupo.

II. O animador, com a ajuda do grupo, procura explicar o termo "Confiança".

III. Durante dez minutos, todos procuram responder às perguntas do "inventário".

IV. Assim que todos tiverem respondido, o animador orienta o grupo para o escore médio de confiança, conforme item "12", que será examinado e comentado.

V. Os membros do grupo serão motivados para partilhar as respostas do "inventário" com os outros membros do grupo.

VI. O animador fará comentários para o grupo, procurando aumentar os sentimentos de confiança, demonstrando sua importância para um trabalho de grupo.

VII. Antes de finalizar o curso, será distribuída nova cópia do "inventário", a fim de observar a mudança dos sentimentos de confiança.

"Inventário do *status*"

Nome _____ Data _____

Indicações:

Atenda as seguintes perguntas. Suas respostas serão confidenciais, entretanto, você é livre para compartilhar suas respostas, após ter completado o inventário.

1. Como você se sentiu quando o grupo começou?

2. Como você se sente agora?

3. Com quem do grupo você se sente melhor neste momento?

4. Descreva o que lhe faz sentir bem em relação a essa pessoa?

5. Com quem deste grupo você tem reações negativas neste instante?

6. Descreva o que nessa pessoa lhe faz sentir essas reações negativas?

7. O que lhe impede a sentir-se mais aberto e honesto neste grupo?

8. Quem do grupo você sente que tem mais reações positivas com você?

9. Por que você sente que essa pessoa sente essas reações positivas em relação a você?

10. Quem do grupo você sente que tem sentimentos negativos em relação a você?

11. Por que você sente que esta pessoa tem sentimentos negativos em relação a você?

12. Faça o escore dos membros do grupo, na escala de 1 a 5, expressando a intensidade de confiança que você sente em relação a cada pessoa. Use o número "1" para indicar a confiança mínima e o número "5" para indicar a confiança máxima.

Nome das pessoas do grupo
Escore

Escore total _____

Escore médio _____

13. Para aquelas pessoas para as quais você consignou um escore baixo, enumere algumas maneiras com as quais: você pode mudar seu comportamento para aumentar seus sentimentos de confiança em relação a elas.

29
Estilos de conflito I

Objetivos:

a) Identificar maneiras diversas de manobrar os conflitos organizacionais ou grupais.

b) Discutir quando e como os diferentes métodos de resolver conflitos são apropriados a diferentes situações.

c) Promover uma experiência em fazer decisões grupais.

Tamanho do grupo:

Com qualquer número de participantes, uma vez que será possível orientar vários subgrupos ao mesmo tempo.

Tempo exigido:

Duas horas, aproximadamente.

Material utilizado:

a) Uma cópia dos "estilos de conflito" para cada participante, conforme modelo abaixo.

b) Lápis ou caneta para cada participante.

Ambiente físico:

Uma sala suficientemente ampla, com cadeiras, para acomodar todos os participantes.

Processo:

I. O animador explica os objetivos do exercício, comentando os inevitáveis conflitos encontrados nos grupos e como podemos usá-los para uma força construtiva.

II. A seguir distribui uma cópia dos "estilos de conflito" para cada participante, e pede que preencham a folha durante uns quinze minutos.

III. Terminada a tarefa individual, o animador organiza subgrupos de cinco a sete membros, e indica um observador para cada subgrupo. Os observadores são orientados à parte, sobre suas funções.

IV. Cada subgrupo recebe uma cópia dos "estilos de conflito" para completá-los como grupo. Serão orientados pelo animador para evitar as técnicas que reduzem os conflitos, como a votação ou a pressão. Deverão, na medida do possível, escutar a opinião de todos os membros do subgrupo, e basear a decisão na lógica e na compreensão mútua.

V. Cada observador, terminada a tarefa grupal, relatará suas observações, destacando as manobras usadas com os conflitos que ocorreram ao ordenar as alternativas. Na medida do possível deverão descrever os incidentes que ocorreram, dando assim um *feedback* completo da atuação do subgrupo.

VI. Finalmente, formam-se os subgrupos para que o animador possa desenvolver as "soluções dos estilos de conflito", conforme segue:

Solução dos estilos de conflito

Primeiro caso	Segundo caso	Terceiro caso	Quarto caso
A. Conciliação	A. Integração	A. Negação	A. Poder (Força)
B. Poder (Força)	B. Conciliação	B. Supressão	B. Negação
C. Integração	C. Negação	C. Conciliação	C. Supressão
D. Negação	D. Poder (Força)	D. Integração	D. Integração
E. Supressão	E. Supressão	E. Poder (Força)	E. Conciliação

VII. O animador finaliza o exercício, deixando os participantes livres para expressar a aprendizagem obtida pela experiência e sua aplicação prática nas situações reais do dia a dia.

30
Estilos de conflito II

Introdução:

Sua tarefa consiste em colocar na ordem de um a cinco as alternativas abaixo, partindo da ação mais desejada ou da maneira mais apropriada de resolver as situações conflitantes para a menos desejada ou apropriada. Coloque o número "1" para aquela maneira de solucionar o conflito que no seu entender é a mais acertada, o número "2" para aquela que julgue a segunda maneira mais acertada, até o número "5" que, no seu entender, é a menos acertada.

Primeiro caso:

Francisco é dono de uma indústria de papel. Recentemente tomou conhecimento de que um de seus empregados com frequência abandona o serviço para ir conversar com um colega que trabalha na mesma indústria, porém num setor diferente. A produção do empregado caiu por causa do abandono frequente do serviço. Francisco teme que outros empregados venham a fazer o mesmo. Se você fosse Francisco, o que você faria?

– A. Falar com o empregado faltoso para limitar sua conversa só para a hora do intervalo.

– B. Dizer ao chefe da seção do outro empregado, para que seu empregado não pare o serviço.

– C. Confrontar os dois empregados, quando pegados em flagrante, fazendo-lhes compreender o erro e o prejuízo que estão causando a si e à indústria.

– D. Nada dizer por julgar ser uma bobagem criar um caso para coisa de tão pouca importância.

– E. Procurar que os outros empregados não venham a fazer o mesmo e que continuem coesos.

Segundo caso:

Carlos dirige uma usina termelétrica. É uma tarefa de alta responsabilidade e perigosa. Qualquer descuido pode ser fatal. Carlos, porém, suspeita que um de seus auxiliares diretos é viciado em tóxicos, tendo para isso alguns indicadores, porém tem receio de criar um "caso" se lhe falar a respeito. Se você fosse Carlos o que faria?

– A. Enfrentar o funcionário diretamente, dizendo-lhe com toda a franqueza o que suspeita dele.

– B. Pedir à pessoa suspeita que não compareça drogada na usina, pois o que ocorre durante o trabalho é de sua responsabilidade.

– C. Não enfrentar o funcionário diretamente, com medo de ele se revoltar e ficar aborrecido.

– D. Mostrar ao funcionário o prejuízo que os tóxicos lhe causam e, sendo ilegal o seu uso, no caso de um flagrante será demitido do emprego.

– E. Vigiar de perto o funcionário, procurando evitar que ele venha a influenciar os outros funcionários da usina.

Terceiro caso:

César é gerente de uma fábrica de motores. De vez em quando, o Departamento de Pessoal do setor de produção promove cursos de treinamento em máquinas mais sofisticadas para melhorar a "rapidez da produção". Os empregados, porém, não se interessam pelos cursos. A direção da fábrica viu-se na eminência de contratar mais quatro empregados, mas achou por bem diminuir o tempo do intervalo para o descanso e café dos empregados e começou a exigir um trabalho mais intensivo. Se você fosse César, o que faria?

– A. Deixar correr as coisas. Possivelmente o tempo se encarrega de superar a "crise".

– B. Procurar um melhor entendimento entre o gerente da fábrica e os seus empregados.

– C. Contratar ao menos dois dos quatro empregados.

– D. Dirigir-se ao Departamento de Pessoal para ver como será possível contornar o problema da contratação de novos empregados, sem reduzir a produção e nem sobrecarregar o trabalho dos empregados.

– E. Dirigir-se ao supervisor de produção (que é o chefe do gerente) para que dê uma "chamada" aos empregados do setor de produção.

Quarto caso:

Henrique tem uma casa de férias, na praia. Por motivos diversos, resolveu vendê-la para alugar outra, durante a temporada de férias. Fez uma consulta à esposa e seus cinco filhos. Os mesmos mostraram-se divididos, estando uns a favor da venda, e outros não concordaram, e a esposa e mais um filho deixaram a solução do problema para o pai. Se você fosse Henrique o que faria?

– A. Vendê-la-ia sem consultar ninguém.

– B. Aguardaria, pois com o tempo virá a melhor solução.

– C. Diria à mulher e filhos para não ficarem impressionados, pois o problema é de pouca importância.

– D. Reuniria a família para juntos estudarem a solução do problema.

– E. Faria um relatório para a família, prestando contas detalhadas sobre o encaminhamento e a solução dada ao problema.

31
Conscientização do nome

Objetivos:

a) Conscientizar os participantes do grupo acerca do nome de cada qual, sua influência, o modo de usá-lo, os muitos efeitos que tem sobre as percepções, comportamentos e oportunidades individuais.

b) Explorar como as pessoas usam nomes que influenciam sua interação com os outros.

c) Descobrir o que as pessoas sentem acerca de seu próprio nome, e como suas percepções influenciam seu próprio desenvolvimento, oportunidades e relacionamentos.

Tamanho do grupo:

Oito a doze pessoas, sendo possível orientar vários subgrupos, simultaneamente.

Tempo exigido:

Trinta e cinco minutos.

Material utilizado:

Um "crachá" para cada participante, com o nome facilmente legível à distância.

Ambiente físico:

Uma sala suficientemente ampla, com cadeira para cada participante.

Processo:

I. Cada participante coloca seu "crachá" e o animador apresenta os objetivos do exercício, acentuando que discutir e pensar sobre seu próprio nome, num trabalho de grupo, faz com que todos se conheçam melhor e oferece oportunidade para observar como o nome influencia os outros.

II. Cada membro participante procura, a seguir, partilhar com os demais do subgrupo seus conhecimentos sobre seu próprio nome, sua origem, significado, sua escolha, seu apelido e outras atitudes que cada um teve ou tem a respeito do nome. Igualmente poderão compartilhar influências, vantagens e desvantagens que sentem na vida a respeito de seu nome, se prefere, ou não, outro nome.

III. O animador poderá colaborar com os subgrupos, fazendo com que sejam abordados aspectos como:

1. Origem histórica ou significado do nome.

2. Como e por que o nome é escolhido pelos pais.

3. Apelidos.

4. Atitudes que as pessoas têm ou expressam em relação aos nomes.

5. Influências, vantagens ou desvantagens que os nomes podem ter tido nos participantes.

6. Se alguém gostaria de ter outro nome, e, em caso afirmativo, qual e por quê.

7. Quem do grupo gostaria de dar o nome ou deu o nome para os seus filhos?

IV. O animador orienta o grupo para que se torne sempre mais sensível em relação ao nome dos outros, em procurar lembrar-se dos nomes dos outros, realçando como é importante na comunicação saber usar o nome das pessoas.

V. Finalmente, faz-se a avaliação do exercício, sendo permitidos depoimentos e comentários sobre o trabalho feito.

32
Uma revisão do plano de vida pessoal

Objetivo:

Encorajar os participantes do grupo para que revejam e avaliem o seu plano e os objetivos da vida.

Tamanho do grupo:

Com qualquer número de participantes.

Tempo exigido:

Para ser completo requer-se um semestre, ou seja, geralmente um período acima de três meses.

Material utilizado:

Papel e lápis.

Processo:

I. O animador descreve o projeto para o grupo, enfatizando que a tarefa deve realizar-se na base de um voluntariado.

II. Ainda em relação à tarefa, é preciso enfatizar que:

1. Ninguém deve tentar a tarefa, a não ser que disponha de tempo e energia suficientes para a introspecção.

2. O trabalho será escrito, e o número de páginas fica a critério do autor.

3. O trabalho só será entregue quando estiver totalmente terminado.

4. O autor do trabalho escrito deve saber confiar no animador, se ele for escolhido para fazer a leitura do mesmo.

5. O animador, além de ler, poderá reagir e discutir com o autor, caso o mesmo assim desejar.

6. O trabalho só será avaliado e poderá influenciar sobre o conceito, caso o autor concorde.

7. É muito importante que cada participante escolha alguém em quem confiar a leitura do trabalho, que poderá fazer alguns comentários por escrito ou partilhar alguns pensamentos com o autor.

8. É possível que queiram guardar o trabalho para ler mais no futuro e fazer uma possível reunião.

III. O animador fornecerá alguns estímulos para as pessoas que voluntariamente realizarão o projeto. Nenhum julgamento ou avaliação por parte do animador acompanha a tarefa.

Procure focalizar a filosofia da vida, as metas da vida e maneira como certas experiências diárias afetam a vida. Procurem responder as seguintes perguntas:

– Como cheguei a ter os pensamentos que tenho?

– Como cheguei a ser a pessoa que sou?

– Como chegarei a ser a pessoa que gostaria de ser?

IV. É bom marcar a data do término da tarefa escrita.

V. Quem escolheu o animador para que seja feita a leitura do trabalho deverá marcar outro encontro para possíveis comentários.

33
Interpretações pessoais

Objetivos:

a) Prover uma oportunidade para que os membros do grupo partilhem passagens selecionadas (pensamentos, frases, poemas, etc.) que têm um sentido especial e uma significação pessoal grande.

b) Descobrir como certas passagens afetam as atitudes e o comportamento dos participantes do grupo.

c) Enfatizar a necessidade de compreender as diferenças nas experiências individuais.

Tamanho do grupo:

Grupo pequeno de seis a oito pessoas, sendo possível orientar vários subgrupos, simultaneamente.

Tempo exigido:

Aproximadamente uns cinco a sete minutos por pessoa.

Ambiente físico:

Uma sala suficientemente ampla para acomodar todos os participantes, com carteiras.

Material utilizado:

a) Um cartão de 8x12cm, para cada participante.

b) Caneta ou lápis para cada pessoa do grupo.

Processo:

I. O animador explica os objetivos do exercício, e poderá solicitar que todos os membros participantes tragam para a aula seguinte, escrito no cartão que lhe será entregue, uma paisagem ou um pensamento (ou um poema, que tenha um sentido especial e uma significação pessoal muito grande).

II. Na sessão seguinte, o animador formará vários subgrupos, para que cada pessoa possa partilhar com os demais membros do seu subgrupo aquilo que trouxe escrito no seu cartão, obedecendo à seguinte ordem:

1. Relatar sua passagem favorita, dando breve explicação sobre o sentido e a significação da mesma.

2. Verbalizar a maneira como chegou a conhecer e tomar contato com a passagem ou o pensamento, relatando, sendo possível, o lugar, as pessoas e outras circunstâncias.

3. Descrever como esta passagem pode produzir e ter sentido para as outras pessoas.

4. Ajudar as outras pessoas do subgrupo para que partilhem experiências relacionadas com o comentário.

III. Finalmente, o animador forma o grupão para discussão e comentários acerca do exercício vivenciado.

34
Focalização sobre os próprios sentimentos

Objetivos:

a) Aumentar a conscientização dos participantes sobre seus próprios sentimentos e emoções.

b) Observar as semelhanças e diferenças nos sentimentos dos participantes.

c) Encorajar a autoabertura num ambiente de grupo.

Tamanho do grupo:

Vinte e cinco pessoas.

Tempo exigido:

O exercício torna-se mais eficaz se for realizado em cinco dias consecutivos (aproximadamente trinta minutos, diariamente).

Material utilizado:

a) Uma folha ou cartolina, tamanho de um metro, para cada membro participante.

b) Bastantes revistas ou jornais.

c) Tesouras e cola.

Ambiente físico:

a) Uma sala ampla, para acomodar todos os participantes, com cadeiras.

b) Uma mesa grande.

Processo:

I. O animador apresenta, inicialmente, os objetivos do exercício. A seguir, solicita que todos os participantes procurem recortar de alguma revista ou jornal alguma figura que reflita os seus sentimentos gerais naquele momento ou dia. O mesmo processo será observado nos quatro dias seguintes. Cada participante terá uma cartolina para fixar diariamente sua figura.

II. Deve ser uma escolha consciente que reflita os sentimentos e as emoções do dia. Uma vez coladas na cartolina, o animador reúne os participantes num grande círculo, para que cada qual possa explicar o significado da própria figura, como a mesma reflete os sentimentos e o que ela simboliza.

III. O animador orientará o grupo para que seus membros fiquem atentos quanto às semelhanças e diferenças entre os sentimentos das pessoas do grupo. Poderá sugerir ainda que se faça uma lista de palavras usadas para expressar os sentimentos.

IV. O processo se repete todos os cinco dias. No quinto dia após a última colagem, todos farão, um a um, um resumo breve, de todas as figuras, expressando os sentimentos e emoções simbolizados nas figuras coladas na cartolina. Na ocasião, podem-se discutir as seguintes perguntas:

1. Quais foram os sentimentos predominantes?

2. Quantos sentimentos e emoções diferentes foram apresentados?

3. Qual a dificuldade que sentiram ao fazer a autoabertura ao grupo?

4. Como os sentimentos dos participantes influenciaram a aprendizagem no grupo?

5. Outros estímulos podem ainda servir de comentários.

V. O animador procurará, nas discussões, focalizar as causas dos sentimentos positivos e negativos. É importante tomar todo o cuidado para certos acontecimentos dramáticos ocorridos mais recentemente, com alguém do grupo, tais como: problemas sérios na família, o falecimento de alguma pessoa querida, etc.

VI. Finalmente, com a participação de todo o grupo, seguem-se os comentários e os depoimentos.

35
Escolha de um objeto: uma atividade de conhecimento próprio

Objetivos:

a) Aumentar a percepção pessoal.

b) Dar uma oportunidade para compartilhar percepções pessoais.

c) Dar uma oportunidade para receber um *feedback* sobre um comportamento percebido.

Tamanho do grupo:

Sem limite.

Tempo exigido:

Aproximadamente duas horas.

Material utilizado:

a) Uma coleção de objetos – ao menos o dobro de objetos do que o número de participantes. Os objetos podem variar em peso, tamanho, composição, sensação táctil (rugoso, ou macio...), cor...

b) Um recipiente para conter todos os objetos.

Ambiente físico:

Uma sala que acomode os membros do grupo.

Processo:

I. O animador discute brevemente os objetivos da atividade.

II. Os objetos são colocados no centro do círculo, com as seguintes ordens: 1) Um a um buscarão um dos objetos, procurando escolher aquele com o qual mais se identifica. 2) Cada participante procura identificar-se com um objeto. 3) Cada um pode, antes de escolher, examinar atentamente. 4) Cada participante procura fazer parcialmente sua identificação, baseado na cor, na textura, no peso, no tamanho, na complexidade do objeto.

III. O animador pede que todos retornem a seus lugares tão logo seja feita a escolha.

IV. Uma vez no lugar, o animador pede que, durante cinco minutos, todos explorem seu objeto, procurando identificar-se mais com o mesmo.

V. A seguir, forma subgrupos, para que todos possam compartilhar com o seu grupo a identificação do objeto. (É preciso orientar os participantes para que falem em nome da primeira pessoa. Por exemplo, em algum lugar eu sou duro, noutro mais macio..., acentuando a descrição pessoal).

VI. Em seguida, cada membro do grupo fará o *feedback* sobre os colegas, procurando demonstrar se o objeto da identificação coincide ou não com o que é percebido pelos outros.

VII. Finalmente, no grupo maior, haverá observações e depoimentos acerca do exercício vivenciado.

36
Conhecer colegas: desenvolver amizades

Objetivo:

Encorajar os participantes para que desenvolvam mais amizades, compartilhando experiências.

Tamanho do grupo:

Ilimitado.

Tempo exigido:

Vinte minutos, aproximadamente.

Ambiente físico:

Uma sala bastante ampla para acomodar todos os participantes, com carteiras.

Material utilizado:

Papel e lápis.

Processo:

I. O animador distribui lápis e papel para todos os participantes, pedindo-lhes que fechem os olhos, procurando imaginar o maior número possível de seus colegas participantes, e, após dois minutos, abrirão os olhos, procurando alistar todos os nomes dos colegas lembrados.

II. A seguir, olhando em redor, procuram lembrar-se de mais nomes e fazer a lista, o mais completa possível.

III. Terminada a lista, o animador solicita os participantes para que, numa palavra ou frase curta, relatem sua impressão no primeiro contato que tiveram com os colegas da lista.

IV. Terminada a tarefa do item anterior, o animador pede que todos procurem os colegas do grupo, fazendo-os cientes sobre suas primeiras impressões, conforme anotações feitas na lista, procurando chamar o colega sempre pelo nome.

V. É de toda conveniência que a interação seja mais prolongada com as pessoas menos conhecidas e cujos nomes não apareceram na lista.

VI. O animador sugere ainda que os participantes procurem, por alguns minutos, aqueles amigos com os quais gostariam de continuar um relacionamento educacional, filosófico e pessoal mais profundo.

VII. A seguir, forma-se o grupão, para comentários e depoimentos.

37
Um *feedback* negativo

Objetivos:

a) Ajudar os participantes do grupo para que saibam reconhecer que uma comunicação aberta e honesta muitas vezes necessita da partilha de um *feedback* de natureza negativa.

b) Ajudar os participantes para que saibam identificar as preocupações e os sentimentos que decorrem ao dar e receber um *feedback* negativo.

Tamanho do grupo:

Qualquer número de pessoas, formadas em subgrupos de três.

Tempo exigido:

Quarenta minutos, aproximadamente.

Ambiente físico:

Uma sala suficientemente ampla, para acomodar todas as pessoas participantes.

Material utilizado:

Lápis e papel em branco.

Processo:

I. O animador explica os objetivos do exercício, forma subgrupos de três e distribui papel e lápis para todas as pessoas.

II. A seguir, orientará os subgrupos para que todos respondam as perguntas que irá formular:

"Pensem todos, durante alguns minutos, a última vez que receberam um *feedback* de natureza negativa. Procurem identificar os sentimentos que todos tiveram na ocasião (Uma pequena pausa). Sentiram-se pessoalmente ameaçados? Que respostas verbais ou não verbais vocês deram à pessoa que lhes deu este *feedback* negativo? (Pausa). Ao refletir naquela situação, a resposta que deram foi eficaz ou não? Vocês se sentiram satisfeitos ou não com a resposta?

Depois de pensar sobre o incidente por alguns minutos, procurem agora descrever a situação, bem como o que sentiram na ocasião".

III. Uma vez feito o relato por escrito, o animador orientará os subgrupos para que partilhem entre os três membros o que sentiram, a atitude e o comportamento que tiveram ao receber e dar o *feedback* negativo.

IV. Durante o exercício da partilha, o animador poderá ajudar o grupo focalizando os princípios de dar e receber *feedback* eficaz (Conforme o texto "Princípios para receber *feedback*").

V. Finalmente, forma-se o plenário para comentários e depoimentos sobre o exercício.

38
Compreensão das necessidades dos outros

Objetivos:

a) Demonstrar a relevância da hierarquia das necessidades de Maslow, numa vivência grupal.

b) Ajudar os participantes para que identifiquem suas necessidades e partilhem o que sentem com os outros membros do grupo.

Tamanho do grupo:

Um grupo de aproximadamente vinte e cinco participantes.

Tempo exigido:

Quarenta minutos, aproximadamente.

Ambiente físico:

Uma sala que possa acomodar todos os participantes, com carteiras.

Material utilizado:

Um quadro-negro ou uma cartolina e uma bolsa que contenha grãos de feijão, ou areia.

Processo:

I. O animador desenha no quadro-negro a hierarquia das necessidades básicas, segundo Maslow, ou as apresenta numa cartolina, conforme é possível observar no texto que se encontra no final deste exercício.

II. Sem explicações sobre as necessidades, o animador atira a bolsa com os grãos de feijão sobre alguém do grupo.

III. Uma vez atirada a bolsa, o animador procura evitar conversas e comentários sobre o ato, procurando mesmo evitar respostas a perguntas sobre o assunto.

IV. Decorridos alguns minutos, e observando as fortes tensões que se estabelecerem no grupo, o animador formula algumas perguntas específicas, tais como: Como você se sentiu quando atirei a bolsa? E como você se sentiu quando ninguém lhe atirou a bolsa? Você se sentiu angustiado em segurar a bolsa? Se ninguém se manifestar, o animador procura provocar uma discussão sobre o exercício.

V. Durante os debates observam-se como existem semelhanças entre os sentimentos e as necessidades e o desejo que focaliza as necessidades básicas apresentadas por Maslow. O animador aproveita para explicar essas necessidades, podendo usar o texto que se encontra no final deste exercício.

VI. Ainda em continuação, é importante focalizar quais as necessidades que mais se evidenciaram no exercício, isto é, aceitação e afeto, como também de segurança. Convém explorar essas necessidades com exemplos práticos.

VII. Finalmente, seguem-se os comentários e depoimentos sobre o exercício.

39
Necessidades básicas, segundo Maslow

Há uma série universal de necessidades fundamentais inerentes ao homem, que têm seus próprios atributos, os quais não são determinados pelas estruturas sociais, pelos modelos culturais ou por processos de socialização. O que difere é a ênfase e os meios de satisfazê-los, o que varia de cultura de um grupo a outro.

Estudando o comportamento humano, os psicólogos em geral concluem que todo comportamento é motivado, isto é, provocado de alguma necessidade dentro do homem e não lhe pode ser imposto. Define-se o comportamento, como sendo uma tentativa de satisfazer uma necessidade.

O que é uma necessidade? O que acontece quando sentimos necessidade? Uma necessidade é um estado de tensão ou de desequilíbrio que resulta da falta, da ausência que sentimos dentro de nós mesmos. Sentida esta ausência desta necessidade, a pessoa torna-se tensa e irrequieta, ativando-a a satisfazer esta necessidade – procurando livrar-se desta tensão e alcançar um estado de satisfação e de equilíbrio. O homem, por exemplo, que esteja assistindo a um *show* de TV, pode muito bem não estar com fome, não ter necessidade de comer. Mas o que acontece, tão logo a propaganda anuncia algo de gostoso? Tal pessoa sente-se com vontade, sente necessidade de ir à cozinha e comer, ou seja, ela sente-se num estado de tensão e de desconforto até o momento em que ela satisfaça esta necessidade. Desta forma aliviará a tensão, e o equilíbrio se restabelece.

Para Maslow, a humanidade está perpetuamente dependendo de indivíduos que estejam empenhados em incessante esforço para encontrarem formas de satisfazer suas necessidades básicas. Uma pessoa é motivada a alcançar um determinado objetivo por possuir internamente a necessidade de alcançá-lo. As necessidades básicas não são estáticas: uma vez satisfeita uma necessidade, ela não mais atuará como agente motivador do comportamento. Outras necessidades, então, passam a ocupar a "linha de frente", e o comportamento é dirigido para sua satisfação.

Maslow identificou cinco necessidades fundamentais e as dispôs numa hierarquia:

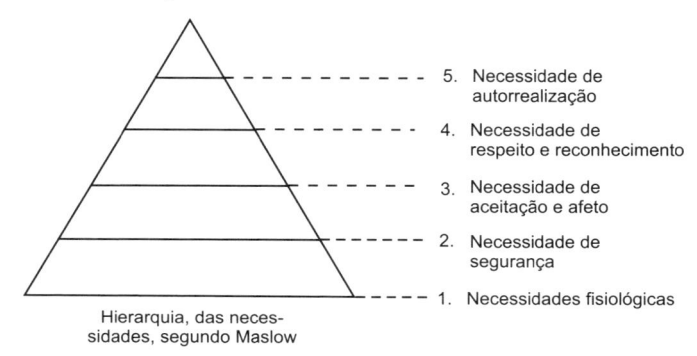

5. Necessidade de autorrealização
4. Necessidade de respeito e reconhecimento
3. Necessidade de aceitação e afeto
2. Necessidade de segurança
1. Necessidades fisiológicas

Hierarquia, das necessidades, segundo Maslow

Como é possível observar, estão ali dispostos em termos em que se manifestam, desde o nível mais elementar de sobrevivência até à autorrealização, o apogeu da existência humana.

A fome é uma necessidade chamada física, assim como: a sede, a necessidade de dormir, do oxigênio, da eliminação, do sexo, e tantas outras atividades que ajudam a manter um estado físico satisfatório. Cada uma dessas necessidades liga-se com um sistema biológico junto ao corpo, que na maioria dos casos, para poder sobreviver, exige a satisfação. Ninguém pode imaginar um homem privado de oxigênio mais de oito minutos, ou privado de água e viver mais de uma semana, ou privado de comida e viver mais de um mês. Por isso, assim que uma pessoa se torna ciente da falta de oxigênio, água ou comida, ela se torna agitada, irrequieta e tensa, até que consiga algo para satisfazer sua necessidade de oxigênio, água ou comida.

O mesmo acontece com todas as outras necessidades fisiológicas, incluindo sexo, exceto que a necessidade do sexo parece a única necessidade não exigida para a sobrevivência individual, mas é muito importante para a sobrevivência da raça.

Ao identificar as necessidades fisiológicas como sendo as preponderantes, Maslow quis dizer que, se uma pessoa fosse totalmente carente – se todas as necessidades estivessem por satisfazer – ela seria dominada por suas necessidades fisiológicas; suas outras necessidades desapareceriam ou seriam reprimidas. No entanto, uma vez satisfeitas as necessidades fisiológicas, surgem então necessidades "mais altas" que passam a dominar o comportamento. Ao serem atendidas, elas são substituídas por outras necessidades ditas mais altas por serem mais tipicamente humanas, e assim por diante. Eis, pois, o que Maslow pretendeu dizer ao conceber as necessidades humanas dispostas numa hierarquia de preponderância relativa.

Preenchidas as necessidades fisiológicas, surgem as necessidades de segurança, que Karen Horney define como a "necessidade de sentir-se seguro de perigos hostis e ameaças do mundo". A segurança física não se revela tão importante como a segurança psicológica, conforme ficou demonstrado durante a guerra. Crianças que assistiram ao bombardeio da Segunda Guerra Mundial, em Londres, manifestaram menos insegurança do que as crianças que ficaram privadas dos pais e mandadas para lugares mais seguros. Evidentemente as pessoas que nos amam e nos querem bem representam para nós maior segurança do que toda segurança física que sentimos na presença de pessoas estranhas. Mesmo como adultos nos sentimos inseguros quando tememos que ninguém nos quer, ninguém nos ama, em situações que pessoas estranhas nos cercam, em situações de perigo. A satisfação dessa necessidade requer uma real segurança física e ainda uma sensação de estar protegido dos males e danos, tanto físicos quanto emocionais (potencialmente "gratificáveis" por salários, benefícios marginais e um sentimento de segurança na capacidade pessoal de ganhar o sustento pelo trabalho realizado).

As necessidades fisiológicas e as de segurança acham-se, ambas, centradas no indivíduo. Contudo, uma vez satisfeitas, aparecem as primeiras necessidades sociais: as de aceitação e afeto. Neste estágio, o indivíduo é motivado a assegurar seu lugar num determinado grupo, com a gratificação do sentimento de a ele pertencer, bem como a construir relações emocionais íntimas com outros, a dar e receber amor.

Maslow denominou necessidade de "respeito" o conjunto de necessidades seguintes, o qual não só inclui a necessidade de autorrespeito e a de uma alta avaliação de si mesmo, como também abrange o respeito ou consideração por parte dos outros indivíduos. Maslow classificou esta necessidade em dois subconjuntos. Primeiro, há uma necessidade de independência e liberdade e de um sentimento íntimo de confiança na própria competência para lidar com o mundo. Segundo, há a necessidade de ter esta competência reconhecida e apreciada pelos outros.

Quando todas as outras necessidades foram satisfeitas, a última a emergir é a da autorrealização. Segundo Maslow, "aquilo que um homem pode ser, ele deve ser". A autorrealização não é tanto um estado ou estágio do organismo, como a fome, a ser satisfeito por uma gratificação periódica. Trata-se, ao invés disso, de um processo do ser humano, no qual o indivíduo luta para alcançar a extensão total de sua capacidade.

De acordo com Maslow, as necessidades fisiológicas, as de segurança, as de afeto e as de respeito são todas necessidades por escassez, por déficit, enquanto, por outro lado, a necessidade de autorrealização é a necessidade de crescimento. Os quatro primeiros conjuntos de necessidades foram denominados de déficit por serem resultantes da falta de alimentação ou da falta de segurança, etc. Contudo, a pessoa que busca a autorrealização, livre das necessidades por déficit, está empenhada no processo de realizar suas potencialidades de vivenciar o conceito que tem de si mesma. Cada pessoa é uma entidade singular e "única" e precisa procurar sua fórmula própria de realização. Trata-se, pois, quase que inteiramente, de um processo interno, e a gratificação da necessidade, o sentimento de realização, advêm da experiência de executar coisas que realizam o potencial da pessoa. A autorrealização é uma necessidade de crescimento por ser, em sua essência, um processo permanente de autodesenvolvimento. Cada novo desenvolvimento do ser constitui prospecção para um desenvolvimento posterior.

Embora Maslow defendesse a relativa integridade da ordem de sua hierarquia, ele não acreditava que uma necessidade tivesse que ser 100% satisfeita antes que surgisse a necessidade mais elevada. Pelo contrário, ele afirmou que a maior parte dos integrantes de nossa sociedade se acha, ao mesmo tempo, parcialmente satisfeita e parcialmente insatisfeita, quanto a todas as suas necessidades básicas.

40
Prioridade de gostos

Objetivos:
a) Identificar o valor afetivo dado a certos objetos.
b) Descobrir a hierarquia de valores das pessoas do grupo.

Tamanho do grupo:
Um grupo pequeno formado de oito a dez pessoas, sendo possível orientar dois ou mais subgrupos de tamanho igual.

Tempo exigido:
Vinte e cinco minutos, aproximadamente.

Ambiente físico:
Uma sala mobiliada com carteiras para todos os participantes.

Material utilizado:
Três objetos de cada membro participante, que estiverem em seu poder.

Processo:
I. O animador solicita que cada membro participante coloque sobre a carteira três objetos encontrados em poder de cada um (o que estiver na bolsa ou no bolso).

II. A seguir, um a um explicará para o grupo por que leva consigo estes três objetos. Se os leva, deverá ter razões para isso.

III. Cada qual deverá ainda indicar a ordem de prioridade dos três objetos, levando em conta o valor afetivo.

IV. Finaliza-se o exercício, numa sessão plenária, ouvindo comentários e depoimentos.

41
Valores

Objetivos:

Identificar os valores fundamentais das pessoas do grupo.

Tamanho do grupo:

Vinte e cinco pessoas, aproximadamente.

Tempo exigido:

Quarenta e cinco minutos.

Material utilizado:

Papel em branco e caneta.

Ambiente físico:

Uma sala suficientemente ampla para acomodar os participantes, com carteiras.

Processo:

I. O animador dará, inicialmente, os objetivos dos exercícios.

II. Após distribuir uma folha em branco para cada membro participante, todos deverão responder, por escrito, às seguintes perguntas:

a) Quais os fatos de sua vida que você consegue recordar? (Responder numas dez a doze linhas).

b) Quais as pessoas que influenciaram positivamente na sua vida? Por quê?

c) Quais as pessoas, dentro de sua profissão, que você mais aprecia? Por quê?

III. Decorridos aproximadamente uns quinze minutos, formam-se subgrupos de oito pessoas para a apresentação. Cada um lerá para o subgrupo suas respostas, que serão resumidas por um secretário.

IV. É preciso anotar as repetições e as insistências, assim como aquilo que foi, por acaso, omitido. Durante a exposição permite-se o diálogo, para maior clareza das respostas.

V. No plenário, que se realiza a seguir, o secretário de cada subgrupo apresentará a síntese do grupo, e seguem-se os comentários acerca do exercício realizado, procurando focalizar:

– O que representa um valor para uma pessoa?

– Como são transmitidos os valores?

– Que importância têm os valores que aceitamos e cultivamos em nossa vida pessoal e grupal?

42
O "eu" público e o "eu" privado
Exercício de autoabertura

Objetivos:

a) Tornar capazes os membros participantes de um grupo para conhecer-se melhor pela partilha de informações pessoais daquilo que normalmente não têm vontade de fazer.

b) Focalizar a atenção dos participantes sobre o que sentem e pensam por ocasião da autoabertura pública e privada.

Tamanho do grupo:

Subgrupos de cinco a seis pessoas, sendo possível orientar vários subgrupos simultaneamente.

Tempo exigido:

Um total de sessenta minutos, sendo feito em duas sessões distintas.

Material utilizado:

Folhas em branco e lápis.

Ambiente físico:

Uma sala suficientemente ampla, com carteiras.

Processo:

I. O animador explica os objetivos do exercício, na primeira reunião, orientando os participantes para que todos procurem escrever, numa primeira folha, tudo o que diz respeito ao "eu" público. Com frases curtas, todos devem trazer na sessão seguinte aproximadamente vinte e cinco palavras escritas, revelando o chamado "eu" público pessoal.

II. Cada qual receberá duas folhas em branco, sendo uma para consignar o "eu" público e a outra para registrar o "eu" chamado privado. Nessa segunda folha todos procuram expressar o seu interior.

III. Na sessão seguinte, o animador forma subgrupos de cinco a seis pessoas, e cada membro irá ler para os colegas o seu "eu" público e o seu "eu" privado.

IV. A seguir forma-se o plenário, e todos poderão expressar o que sentiram e o que pensaram quando escreveram seu "eu" público e o "eu" privado, bem como na ocasião da autoabertura no subgrupo.

V. Convém ainda partilhar no plenário os bloqueios experimentados por ocasião da autoabertura.

VI. Antes de finalizar, discutem-se ainda sobre as vantagens e desvantagens das informações de natureza pessoal, num trabalho grupal.

VII. O exercício encerra-se após os depoimentos e comentários.

43
Motivação

Objetivos:

a) Demonstrar como pessoas, embora atuando da mesma maneira externamente, podem estar partindo de motivações diferentes.

b) Conhecer essas motivações diferentes para compreender atitudes aparentemente incompreensíveis.

Tamanho do grupo:

Vinte e cinco pessoas, aproximadamente.

Tempo exigido:

Vinte e cinco minutos.

Material utilizado:

Uma cartolina que tenha uma cor de um lado e outra do outro.

Ambiente físico:

Uma sala suficientemente ampla, com cadeiras, para acomodar todos os participantes.

Processo:

I. O animador explica inicialmente os objetivos do exercício. A seguir pede a presença no meio do círculo de cinco a seis pessoas voluntárias.

II. Prosseguindo, por solicitação do animador, esses voluntários deverão dizer ao grupo as razões, os motivos pelos quais eles se apresentaram como voluntários.

III. Os demais membros do grupo escutarão atentamente, não sendo permitido nem diálogo, nem comentários.

IV. Continuando, o animador pede àqueles que não se apresentaram como voluntários que apresentem publicamente os motivos.

V. Esse exercício permite uma outra forma de realização. Pede-se àqueles que não se apresentaram como voluntários para dizer por que os voluntários se apresentaram, e estes dirão por que os outros não se apresentaram.

VI. Uma vez terminado esse exercício, colocam-se no centro da sala duas cadeiras, frente à frente, e convidam-se dois voluntários para se assentarem.

VII. O animador coloca à altura dos olhos, entre os dois, uma cartolina que tenha uma cor de um lado e outra do outro. Os dois membros da ação não podem saber que a cartolina tem cor diferente de cada lado.

VIII. Cada um deverá dizer a cor que está observando, e o animador pede para que troquem de lugar, sem, no entanto, mudar a posição da cartolina. Novamente cada um deverá dizer qual a cor da cartolina.

IX. Finda esta parte, forma-se o plenário para as observações e os comentários acerca do exercício. Focaliza-se como duas pessoas bem-intencionadas observam a mesma realidade e chegam a conclusões diferentes.

X. Entre as conclusões práticas pode-se observar como:

– As motivações são muito pessoais, umas são conscientes e outras totalmente inconscientes.

– Ninguém é dono da verdade, cada um pode ter uma parcela de verdade.

– Devemos ser menos "juízes" e mais "humanos", procurando compreender, penetrar nas motivações das pessoas.

– Muitas vezes projetamos nos outros nossas motivações conscientes e inconscientes.

– O conhecimento com simpatia leva a julgamentos mais positivos.

44
Usar eficazmente o poder

Objetivos:

a) Demonstrar como o uso arbitrário do poder pelo líder ou professor pode frustrar, incomodar, ou simplesmente aborrecer os participantes do grupo.

b) Demonstrar como é importante saber usar com sabedoria o poder e partilhá-lo com os outros.

c) Facilitar a expressão de frustração causada por um sistema arbitrário gratificante.

Tamanho do grupo:

Grupos de cinco a sete pessoas, sendo possível orientar vários subgrupos, simultaneamente.

Tempo exigido:

Quarenta minutos.

Material utilizado:

a) Uma cópia das instruções sobre as regras e consequências extravagantes, para cada líder dos subgrupos, conforme se encontra no final do exercício.

b) Lápis e papel em branco.

Ambiente físico:

Uma sala suficientemente ampla, para poder acomodar todas as pessoas participantes.

Processo:

I. O animador expõe os objetivos do exercício e organiza vários subgrupos de cinco a sete pessoas, indicando um líder para cada subgrupo, que receberá uma cópia das instruções.

II. É conveniente que o animador faça uma reunião, em separado, com os líderes, para orientá-los sobre as instruções e o funcionamento do exercício.

III. Todas as pessoas dos subgrupos participarão dos três jogos, procurando descobrir as regras do jogo. Toda vez que o líder consignar um acerto para algum membro do grupo, este o anotará na própria folha. Ganhará o jogo quem tiver o maior número de acertos.

IV. Após quinze a vinte minutos, forma-se o plenário para se proceder à discussão sobre o jogo realizado, suas regras. Nesse momento o animador exortará os participantes para que manifestem suas impressões, seus sentimentos e reações sobre o exercício.

V. O animador procurará orientar as discussões, procurando focalizar principalmente o uso e o abuso do poder, as frustrações que sentiram, e como, em situações similares, as regras ocultas criam inconscientemente um clima difícil nos trabalhos de grupo.

Instruções para o líder – Regras aleatórias e suas consequências extravagantes

Você orientará três jogos com os membros do seu subgrupo. As instruções para os três jogos são iguais. Procure discutir estas instruções e o método com o seu subgrupo.

Só poderá revelar as regras do jogo se algum membro for capaz de adivinhá-las. Caso contrário, aguarde até o final do exercício, para a revelação das regras do jogo. Terminado o exercício, faça o escore dos acertos de cada participante para revelar o vencedor dos jogos.

Instruções: Formularei uma pergunta e vocês, um a um, deverão respondê-la, muito rapidamente. Receberão dois pontos por cada acerto. Caso alguém adivinhar por que suas respostas estão certas (ou seja, adivinhar as regras do jogo), receberá vinte pontos. Quem tiver maior número de pontos, no final, será o vencedor. Cada qual fará seu próprio escore de pontos.

Jogo n. 1: Procure nomear os estados do Brasil, ao mesmo tempo tente descobrir a regra que coopera com sua resposta.

Regra: Só valem os estados do Brasil que não estão ligados ao Oceano Atlântico. Portanto, a resposta será certa, se nomear os estados de Mato Grosso, Amazonas, Goiás, Acre e Minas Gerais.

Jogo n. 2: Diga o nome de um país qualquer. Procure descobrir a regra que coopera com a sua resposta.

Regra: Só será correta a resposta que for dada por alguém do grupo que tiver olhos azuis, por exemplo, e todas as respostas dos outros participantes serão erradas.

Jogo n. 3: Diga o nome de algum animal. Procure descobrir a regra que coopera com a sua resposta.

Regra: Só será correta a resposta que for dada por uma ou duas pessoas do subgrupo, escolhidas previamente pelo líder, por exemplo, e a resposta de todos os outros participantes será incorreta.

45
Remoção de barreiras: uma experiência de encerramento

Objetivos:

a) Oferecer uma oportunidade para que os participantes de um curso de relacionamento interpessoal possam rever a aprendizagem feita.

b) Encerrar o trabalho feito no curso com um plano de ação para o dia a dia.

Tamanho do grupo:

Cerca de vinte e cinco participantes de um grupo.

Tempo exigido:

Sessenta minutos, aproximadamente.

Material utilizado:

Papel em branco e lápis.

Ambiente físico:

Uma sala suficientemente ampla, com carteiras.

Processo:

I. O animador explicará que o exercício que realizarão auxiliará a integração da aprendizagem dos participantes no grupo e os deixará com um plano definido de ação. Entregará a cada participante duas folhas.

II. Todos colocarão como título de uma das folhas a seguinte frase: "Ideias que usarei como resultado deste curso de aprendizagem", e a seguir todos deverão fazer uma listagem de ideias que pretendem executar como resultado do curso realizado. É bom enumerar todos os itens. Convém esclarecer que as ideias podem relacionar-se ao ambiente de trabalho ou ao crescimento pessoal.

III. Após oito a dez minutos, e uma vez que todos terminaram esta listagem, o animador orienta os participantes para que tomem a segunda folha em branco, colocando na mesma o título: "Barreiras à ação". Nessa folha todos deverão colocar as barreiras que sentem para pôr em execução a listagem de ideias escritas na primeira folha.

IV. Após oito a dez minutos, o animador sugere para que coloquem um asterisco (*) diante daquelas barreiras consideradas insuperáveis e um traço debaixo daquelas consideradas fáceis de vencer.

V. Formam-se a seguir subgrupos de quatro a seis membros participantes para que cada um possa ler para os colegas do grupo as ideias que pretendem pôr em prática.

VI. Decorridos uns dez minutos, aproximadamente, forma-se o plenário, para proceder à escrita no quadro-negro daquelas barreiras consideradas insuperáveis. Através da técnica chamada "tempestade mental", todos procuram sugerir ideias para que as pessoas possam conseguir superar as barreiras tachadas de insuperáveis.

VII. É de todo indicado que os participantes se manifestem publicamente a respeito da viabilidade das sugestões apresentadas para superar as barreiras "insuperáveis".

VIII. Antes de encerrar o exercício, usam-se alguns minutos para comentários e depoimentos.

Referências

Incisa: Série Desenvolvimento de Executivos, n. 16 e 18, Rio de Janeiro, 1977.

KLEIN, J. *O trabalho de grupo*. Rio de Janeiro: Zahar Editores, 1974.

MASLOW, A.H. *Motivation and Personality*. Nova York: Harper & Row, 1954.

MAISONNEUVE, J. *La dinâmica de los grupos*. Buenos Aires: Editorial Proteo.

MINICUCCI, A. *Dinâmica de Grupo*. São Paulo: Atlas, 1976.

PFEIFFER, W.J. & JONES, J.E. *A Handbook of Structured Experiences for Human Relations Training*. Vol. VI. Califórnia: University Associated Publishers and Consultants, 1976.

_____. *The 1973 Annual Handbook for Group Facilitators*. Califórnia: University Associates, 1973.

_____. *The 1977 Annual Handbook for Group Facilitators*. Califórnia: University Associates, 1977.

ROGERS, C. & STEVENS, B. *De pessoa para pessoa*. São Paulo: Livraria Pioneira Editora, 1976.

SCHUTZ, W.C. *O prazer*. Rio de Janeiro: Imago, 1974.

THAYER, L. *Affective Education Strategies for Experiential Learning*. Califórnia: University Associates, 1976.

VELA, J.A. *Técnicas e práticas das relações humanas*. São Paulo: Loyola, 1955.

WEIL, P. *Relações humanas na família e no trabalho*. Petrópolis: Vozes, 1971.

Conecte-se conosco:

 facebook.com/editoravozes

 @editoravozes

 @editora_vozes

 youtube.com/editoravozes

 +55 24 2233-9033

www.vozes.com.br

Conheça nossas lojas:

www.livrariavozes.com.br

Belo Horizonte – Brasília – Campinas – Cuiabá – Curitiba
Fortaleza – Juiz de Fora – Petrópolis – Recife – São Paulo

EDITORA VOZES LTDA.
Rua Frei Luís, 100 – Centro – Cep 25689-900 – Petrópolis, RJ
Tel.: (24) 2233-9000 – E-mail: vendas@vozes.com.br